GÜTERSLOHER
VERLAGSHAUS

Gütersloher Verlagshaus. Dem Leben vertrauen

Sylvia Schneider

Clear Your *Love*

Die sieben Erfolgsgeheimnisse
für glückliche Beziehungen

Gütersloher Verlagshaus

Bibliografische Information Der Deutschen Bibliothek

Die Deutsche Bibliothek verzeichnet diese Publikation in der Deutschen Nationalbibliografie; detaillierte bibliografische Daten sind im Internet über http://dnb.ddb.de abrufbar.

ISBN-13: 978-3-579-06926-5
ISBN-10: 3-579-06926-8

Umschlaggestaltung: schwecke.mueller Werbeagentur GmbH, München
Umschlagmotiv: photonica (Kerama)
Satz: Buch-Werkstatt GmbH, Bad Aibling
Druck und Bindung: GGP Media GmbH, Pößneck
Printed in Germany

www.gtvh.de

Inhalt

Lassen Sie los,
was nicht glücklich macht,
und erkennen Sie,
was Glück schenkt!

Liebe sind SIE! SIE sind Liebe!

Glückliche Beziehungen sind das Wichtigste, was wir im Leben haben können. Sie schenken uns Lebenssinn und Lebensfreude, sie verlängern unser Leben, machen uns gesund und halten uns jung. Gute Beziehungen sind etwas sehr Kostbares, das wir schützen und pflegen müssen, etwas, das uns Geborgenheit und Wärme schenkt. Das zärtliche Pflegen einer Beziehung, ein ausgewogenes Verhältnis zwischen Geben und Nehmen sowie die gemeinsame Liebe zum Leben an sich: Das ist es, was uns Glück und Zufriedenheit schenkt.

Dieses Glück ist still. Es betrifft am Ende nicht nur die Liebe zu einem Partner, sondern die zu anderen Menschen und zum Leben. Es ist ein Gefühl jenseits aller Perfektion, jenseits aller Oberflächlichkeit und Kurzlebigkeit, es ist *das* Gefühl jener tiefen lächelnden Innigkeit in einer Welt, die sich immer schneller dreht und der Liebe nicht viele Paradiese lässt. Doch dieses Glück findet sich nicht ein, wenn wir ständig auf dem Sprung sind, immer schneller, besser, weiter sein müssen, wenn wir das, was wir haben, stets mit dem abgleichen, was wir haben könnten oder was gerade »angesagt« ist, wenn unsere hohe Anspruchshaltung kleine Schwächen und Unebenheiten nicht dulden will. Je mehr wir in uns selbst zu Hause sind, desto gelassener begegnen wir auch den Stärken und Schwächen anderer Menschen. Wir bringen ihnen die Wertschätzung entgegen, die sie verdienen, weil wir uns selbst wertschätzen. Wir brauchen sie nicht als Projektionsfläche für eigene Schwächen. Wenn wir es schaffen, uns klar zu machen, wo unser eigener Anteil am Gelingen oder Misslingen von

Beziehungen liegt, dann haben wir die Chance, wirklich glücklich zu lieben.
Je häufiger Sie Ihren Part an einer Beziehung beleuchten und klären können, desto mehr kommt von Ihnen selbst zum Vorschein und desto näher kommen Sie an das Wesentliche Ihres Kerns, des Lebens und des Universums heran. Dieses führt Sie rasch zu einem dankbaren Lebensgefühl und zu innigeren Beziehungen.
Dabei will ich Ihnen mit diesem Buch helfen. Ich zeige Ihnen sieben Erfolgswege, sich selbst, Ihrer Liebe und Ihren Lieben näher zu kommen. Lassen Sie mich eine Weile lang Ihr Spiegel sein, in dem Sie vor allem Ihr eigenes Verhalten in Ihren Beziehungen abgleichen, überprüfen und verändern können. Räumen Sie auf in Ihren Liebesdingen. Befreien Sie sich vom Ballast, der Ihnen im Wege steht. Denn Sie selbst entscheiden, wie Sie lieben und leben wollen. Sie werden sehen, es ist weniger schwer, als Sie jetzt denken, dafür aber viel beglückender, als Sie womöglich erwarten.
Lassen Sie sich von mir verführen, Ihr Leben einfach und unbeschwert zu genießen – gemeinsam mit anderen Menschen, mit Menschen, die Ihnen gut tun. Diese wünsche ich Ihnen von Herzen.

Eckernförde, im Juni 2005 Sylvia Schneider

P.S.: An dieser Stelle empfehle ich Ihnen meine »7 x 7 Karten für die Liebe in Ihrem Leben« (Gütersloher Verlagshaus, ISBN: 3-579-06930-6), die Ihnen auf Ihrem Weg zum Glück viele praktische Übungen und weitere Begleitung bieten.

1. *Erfolgsgeheimnis*

Machen Sie das Beste aus Menschen, die Ihnen schaden, und aus Energiesaugern

Fünf Minuten für die *Liebe*

Öffnen Sie Ihr Herz für die Liebe

Ihr Herz zeigt Ihnen den direkten Weg zu Ihrem Ich. In unserer Vorstellung ist das Herz der Sitz unserer Gefühle. Sie spüren, dass Ihr Herz schneller schlägt, wenn Sie aufgeregt sind, wenn Ihr Herz für einen anderen Menschen schlägt, wenn Sie mit jemandem ein Herz und eine Seele sind, wenn Ihnen in einem schönen Moment das Herz aufgeht wie eine Rosenblüte. Sie fühlen Ihr Herz aber auch, wenn es Ihnen zu brechen droht, wenn es entzwei ist, wenn Sie sich ein Herz fassen müssen, um etwas Schwieriges zu überwinden.
Nehmen Sie sich die Zeit, einmal bewusst Kontakt zu Ihrem Herzen aufzunehmen. Schließen Sie die Augen und lassen Sie Gefühle – Liebe, Sehnsucht, Geborgenheit, freudige Erregung, Trauer, Wut, Enttäuschung, Bitterkeit – in sich aufkommen. Eines nach dem anderen. Denken Sie dabei an ein Gewitter, das erst am Horizont aufzieht, um sich dann über Ihnen zu entladen. Versuchen Sie, jedes Gefühl so zu durchleben. Welche Gestalt würden Sie ihm geben, welche Farbe, welchen Duft? Mit welchen Menschen in Ihrem Leben verbinden Sie es? Spüren Sie, welches Gefühl Ihr Herz momentan erfüllt? Erfreut es Sie oder bedrückt es Sie? Möchten Sie es behalten oder loswerden?
Auf dem Grund Ihres Wesens können Sie erkennen, was und wer Ihnen wesentlich und wertvoll ist. Sie erkennen, was und wer Ihnen am Herzen liegt.

Sie wollen Ihr Lieben ändern? Tun Sie's!

So unterschiedlich wie die Menschen ist auch ihr Umgang mit anderen. Manche Menschen bleiben ein Leben lang mit einem Partner zusammen, andere leben lieber als Single. Mehrere Ehen oder etliche Partnerschaften hintereinander sind heute keine Seltenheit mehr. In vielen Familien herrscht ein ausgeprägtes Zusammengehörigkeitsgefühl, in anderen sind die Bindungen eher locker. Manche Menschen sind im Kollegenkreis sehr beliebt, andere gelten eher als Eigenbrötler, Tratschtante oder intrigante Person. Viele nennen einige wenige gute Freunde ihr Eigen, andere pflegen ein Netz von eher oberflächlichen Beziehungen.
Wie sieht es bei Ihnen aus? Worauf kommt es Ihnen an? Ich bin mir ziemlich sicher, dass auch Ihnen viel daran liegt, Ihren Beziehungen mehr Tiefe, Gesundheit, Würde und Verlässlichkeit zu schenken. Ihre Bindungen, Beziehungen und Gefühle zum Partner, zu den Kindern, zur Familie, den Eltern, Freunden, Geliebten und Kollegen prägen Ihr Leben. In guten wie in schlechten Tagen. Doch nicht Sie werden von den Beziehungen geprägt, sondern Ihre Liebesfähigkeit, Ihre Beziehungsfähigkeit, Ihre Persönlichkeit entscheiden, welche Art von Beziehungen Sie eingehen und mit welchem Leben Sie sie erfüllen. Der andere – unser Gegenüber – ist vor allem ein Spiegel für uns, in dem wir uns selbst anschauen können. In diesem Spiegel sehen Sie vor allem Ihre eigenen Erwartungen an den anderen, die sich mehr an Ihnen orientieren als an dem, was der andere Ihnen bieten kann.
Jede Ihrer Beziehungen werden Sie immer einmal wie-

der einer »internen« Prüfung unterziehen, die sich an den Kernfragen misst: »Was bringt mir das eigentlich noch? Wo stehe ich, wo stehen wir? Welche Zukunft haben wir?« Die Antwort darauf gibt es nicht geschenkt. Sie wird beeinflusst von Ihren Erfahrungen, Ängsten, Wünschen, Träumen, Enttäuschungen und unerfüllten Bedürfnissen. Sie steht und fällt vor allem auch mit Ihrer Fähigkeit, sich selbst und Ihre eigenen »Verknotungen« realistisch einzuschätzen. Denn unsere eigenen Erwartungen und Denkmuster entscheiden, ob wir mit unseren Beziehungen und unserer Liebesfähigkeit immer wieder in der gleichen Sackgasse landen oder ob sie eine authentische Erfüllung finden.

Legen Sie Ihre Beziehungs-Karten auf den Tisch

Wenn Sie Ihr Leben und Ihr Lieben klären und neu sortieren wollen, sollten Sie sich jetzt mit mir auf den Weg machen. Beginnen Sie zunächst Ihr soziales Umfeld zu entrümpeln. Wie beurteilen und erleben Sie Ihre mitmenschlichen Kontakte und Beziehungen im Ganzen? Versuchen Sie bei Ihren Überlegungen vor allem, Ihren eigenen Motiven auf die Schliche zu kommen. Damit klären Sie nicht nur Ihre Beziehungen, sondern vor allem Ihre eigene Beziehungsfähigkeit. Denn diese durchwirkt Ihr ganzes Leben. Und Sie ist das Einzige, was Sie wirklich steuern können. Sich von Unnötigem oder Hinderlichem zu befreien – seien es nun eigene Denk- und Verhaltensweisen oder Menschen, die Sie für schädlich halten, kann manchmal ganz leicht sein, meistens ist es jedoch ein gutes Stück Arbeit. Aber es

lohnt sich, das verspreche ich Ihnen. Am Ende werden Sie sensibler sein gegenüber Unklarheiten und Ungereimtheiten auf allen Ebenen – bei sich selbst wie bei anderen. Sie werden Brüche und Unehrlichkeiten bei Ihren Mitmenschen einfach schneller spüren. Sie werden sich rascher von menschlichen Schädlingen befreien können. Vor allem aber werden Sie Ihren wirklichen Beziehungen mit mehr Ehrfurcht und Achtsamkeit begegnen. Denn die Liebe ist das, was unserem Leben Sinn verleiht.
Machen wir zuerst eine Bestandsaufnahme. Dazu nehmen Sie sich ein großes Blatt Papier, legen es quer vor sich und tragen längs zehn Spalten ein:

- In die Spalte 1 schreiben Sie untereinander die Namen der Personen, mit denen Sie sich auseinander setzen wollen.
- Spalte 2: Was für ein Typ ist diese Person? Beschreiben Sie sie kurz und vermerken Sie, in welchem Verhältnis Sie sich zueinander befinden (also etwa Partner, Ehemann, Ex-Lover, Freundin, Kollege, Chef)
- Spalte 3: Wie alt ist diese Person?
- Spalte 4: Tragen Sie hier das Geschlecht ein.
- Spalte 5: Wie häufig haben Sie mit dieser Person zu tun?
- Spalte 6: Wie wichtig ist Ihnen diese Beziehung? (Notieren Sie hier beispielsweise »Es wäre besser für mich, diese Beziehung zu beenden!« oder »Diese Beziehung ist sehr nervenaufreibend!«)

- Spalte 7: Wie häufig kommt es zu Konflikten zwischen Ihnen? Gibt es jedes Mal Streit, wenn Sie sich sehen? Oder verläuft das Beisammensein eher harmonisch? Oder haben Sie das Gefühl, dass gewisse Themen von Ihnen beiden unter der Decke gehalten werden?
- Spalte 8: Wie nah fühlen Sie sich dieser Person? Sind Sie Seelenverwandte oder eher weit entfernte Bekannte?
- Spalte 9: Wie fühlen Sie sich in der Gegenwart dieser Person? Wie wohl oder wie unsicher fühlen Sie sich in ihrer Nähe?
- Spalte 10: Charakterisieren Sie kurz, was Sie von dieser Person haben, bzw. was Sie denken, was Sie für diese Person bedeuten.

Nun analysieren Sie Ihre Aufzeichnungen und vergleichen Sie die Beziehungen untereinander:

- Gibt es in der Beziehung zum anderen Geschlecht mehr oder weniger Konflikte?
- Fühlen Sie sich bei Männern oder Frauen besser aufgehoben?
- Welche Ihrer Beziehungen schneidet besonders gut bzw. besonders schlecht ab?
- Kommen Menschen, die Sie mögen, bei den Kontakten zu kurz? Sind Sie zu häufig mit Menschen zusammen, die Ihnen wenig bedeuten oder belastend für Sie sind?

- Sehen Sie die Personen auf Ihrer Liste – Familie, Freunde, Kollegen, Nachbarn – im Ganzen eher positiv oder negativ?
- Wie sehr wird Ihr Beziehungsgeflecht von Harmonie oder Konflikten geprägt?
- Akzeptiert und respektiert die jeweilige Person Sie?
- Fühlen Sie sich in ihrer Gegenwart wohl und angenommen, so wie Sie sind?
- Versucht sie nicht, Sie zu ändern und Ihnen Dinge vorzuschreiben, die Sie gar nicht wollen?
- Kehren Sie auch im Zusammensein Ihre besten Seiten heraus – einfach weil Sie sich sicher fühlen?
- Ist die Person wirklich an Ihnen interessiert? Fragt sie immer wieder nach oder redet sie immer nur von sich selbst?
- Besteht ein echter Dialog zwischen Ihnen beiden?
- Wollen Sie beide voneinander wissen, was Sie interessiert, was Sie von bestimmten Dingen halten, welche Einstellungen und Standpunkte Sie haben?
- Kann sie Ihnen aufmerksam zuhören?
- Haben Sie das Gefühl, dass Sie die Person wirklich ins Vertrauen ziehen können, ohne dass sie sich gleich mit anderen austauscht?
- Können Sie sich in Notfällen auf ihre Hilfsbereitschaft verlassen?

- Oder haben Sie das Gefühl, sie müssten alles, was sie von ihr bekommen, auch irgendwie bezahlen?
- Kann die Person Sie und andere Menschen spontan loben und anerkennen?
- Wie sehr ist die Person an Klatsch und Tratsch interessiert?
- Käme es ihr in den Sinn, mit anderen über Sie zu sprechen?
- Trägt sie negative Gerüchte über einen Menschen gleich weiter?
- Spricht sie mit dem Betroffenen oder mit anderen darüber?
- Kann sie andere Meinungen und andere Lebensweisen gelten lassen?
- Ist die Person Ihnen gegenüber aufmerksam, kennt sie Ihre Vorlieben und Abneigungen?
- Hält sie, was sie verspricht?
- Sind ihr doppelte Botschaften fremd?
- Hält sie Verabredungen ein?
- Kann sie sich selbst auch mal »auf die Schippe« nehmen?
- Hat sie Humor und kann über sich selbst lachen?
- Spricht die Person auch offen über eigene Schwächen und Niederlagen?
- Kann sie anstehende Probleme lösen?

- Spürt sie auch ohne Worte, ob es Ihnen gut oder schlecht geht?
- Merkt sie, wenn Sie Hilfe brauchen?
- Kann sie Gefühle zeigen? Kann sie zugeben, wenn sie traurig oder niedergeschlagen ist?
- Ist die Person niemand, der sein »Fähnchen nach dem Wind hängt« und heute diese Freunde hat, morgen jene?
- Würde sie Sie gegen Anfeindungen von anderen verteidigen?
- Ist die Person verantwortungsbewusst und gibt nicht gleich anderen die Schuld, wenn etwas schief läuft?

Was Sie von Menschen erwarten dürfen, die Ihnen wohlgesonnen sind

Potenzielle Freunde erkennen wir meist nur, wenn wir wissen, was wir eigentlich bei ihnen suchen. Es gibt bestimmte Freundschaftsfaktoren, bestimmte Eigenschaften, die einen Menschen dafür prädestinieren, dass wir ihn ganz dicht an uns heranlassen. Diese Faktoren bilden eine Art Raster, mit dem Sie nach diesen Menschen fahnden können. Es taugt auch zur Selbstprüfung, wie es mit Ihrer eigenen Beziehungsfähigkeit steht!

Freundschaftspunkt: Akzeptanz

Ein freundschaftsfähiger Mensch hat es nicht nötig, andere Menschen herabzusetzen. Er respektiert und achtet seine Mitmenschen. In seiner Gegenwart fühlen Sie sich wohl und akzeptiert. Er kitzelt Ihre besten Seiten aus Ihnen heraus.

Freundschaftspunkt: Interesse

Wer Sie ständig mit eigenen Sachen zutextet, hat kein wirkliches Interesse an Ihnen. Wer ewig über sich, seinen Job, seine Familie, seine Interessen und seine Erfolge sprechen will, ist kein freundschaftliches Gegenüber. Er ist viel zu selbstzentriert und egoistisch. Ein freundschaftsbegabter Mensch will eine Menge über Sie und von Ihnen wissen: Was denken Sie? Wie leben Sie? Was ist Ihnen wichtig?

Freundschaftspunkt: Hilfsbereitschaft

Brauchen Sie seine Hilfe wirklich, geht dieser Mensch großzügig mit seiner Zeit und seinen Ressourcen um. Er hilft Ihnen nicht nur, wenn es in seinen Terminkalender passt oder ihm persönlich von Nutzen ist. Für seine Hilfe erwartet er keine Gegenleistung. Wenn ihm etwas gefällt, geizt er im Übrigen auch nicht mit Lob und Anerkennung für alle Menschen, die ihm begegnen.

Freundschaftspunkt: Objektivität

Klatsch und Tratsch sind nicht sein Ding, er beteiligt sich auch nicht daran. Kommt ihm Negatives zu Ohren, versucht er, sich selbst ein Bild zu machen. Es käme ihm nicht in den Sinn, hinter dem Rücken einer Person zu sprechen. Wer in sich ruht, dem fällt es leicht, auch andere Meinungen und Lebensstile zu akzeptieren.

Freundschaftspunkt: Aufmerksamkeit Aufmerksame Menschen merken sich Namen, Geburtstage, Neigungen, Begabungen und Vorlieben ihrer Freunde. Unaufmerksamkeit ist das Markenzeichen von gleichgültigen Menschen. Wenn Sie einmal beiläufig äußern »In diesem Jahr finde ich pink einfach toll!«, werden Sie von ihm zum Geburtstag nichts Giftgrünes geschenkt bekommen.

Freundschaftspunkt: Verlässlichkeit Wenn er etwas sagt, dann meint er dies auch. Zusagen hält er ein. Doppelbotschaften sind ihm nicht nur fremd, er lehnt sie ab. Er lügt nicht, schwindelt nicht, betrügt und manipuliert nicht.

Freundschaftspunkt: Selbstironie Er hat Humor und kann über sich selbst lachen. Er ist optimistisch und hält sich nicht für den »Nabel der Welt«. Er spricht offen und ohne Selbstmitleid über seine Niederlagen und wie er damit umgeht.

Freundschaftspunkt: Einfühlsamkeit Er spürt instinktiv, ob es Ihnen gut geht oder nicht, und steht bereit, um Ihnen zu helfen und zu raten – aber nur, wenn Sie dies wollen. Umgekehrt macht er auch aus seiner seelischen Verfassung kein Hehl. Wenn er traurig oder wütend ist, sagt er Ihnen dies auch.

Freundschaftspunkt: Loyalität Der freundschaftsbegabte Mensch ist kein »Windhund«, der seine Sympathien heute hier und morgen da verschenkt. Auch seine Meinungen und Überzeugungen wechselt er nicht wie T-Shirts. Er verteidigt Sie gegen Anfeindungen, Vorwürfe und Intrigen. Taktieren, Verstellen, Schmeicheleien und Nach-dem-Mund-reden sind von ihm nicht zu erwarten.

Freundschaftspunkt: Autonomie Dieser Mensch kennt seine Stärken und Schwächen. Er ist in sich zu Hause und so authentisch wie möglich. Er ist nicht abhängig von der Meinung anderer, sondern eigenverantwortlich für sein Handeln und Tun. Wenn ihm etwas misslingt, versucht er es aus eigener Kraft zu verändern.

Ehrlich mit sich selbst – das währt am längsten

Der wichtigste Meilenstein für die Klärung von Beziehungen ist es, dass Sie sich mit Ihren eigenen Bedürfnissen und Wünschen befassen. Setzen Sie sich ehrlich damit auseinander, wovon Sie träumen, was Sie sich wünschen und was Ihre heimlichen Fantasien sind. Alle Menschen, die in Kontakt mit anderen stehen, tun etwas für sie und erwarten dafür Gegenleistungen – Geld, Dankbarkeit, Zuwendung, Aufmerksamkeit, Hilfe und/oder das Gefühl, ein guter, ein moralischer, politisch korrekter oder besonders kluger Mensch zu sein. Was erwarten Sie? Bekommen Sie das, was Sie erwarten? Nur, wenn Sie sich das schonungslos eingestehen, können Sie sich selbst deutlich machen, was für ein Beziehungstyp Sie sind und welchen Anteil Ihr inneres Potenzial, Ihre Stärken, Ihre Ängste, Ihre Schuldgefühle

oder Projektionen daran haben. All diesen Bereichen wollen wir uns in den nächsten Kapiteln behutsam nähern. Nur wer durchschaut, was ihn selbst antreibt oder belastet, kann sein Verhalten ändern.
Bei vielen Menschen stimmt die Basis nicht. Sie wollen zwar ein zufriedeneres Leben führen, wertvollere Beziehungen haben, nicht ausgenutzt und ausgesaugt werden, sehen aber nicht ein, dass sie dafür aktiv etwas tun müssen. Doch es nutzt Ihnen gar nichts, wenn Sie den Umständen oder den Mitmenschen die Schuld dafür in die Schuhe schieben, dass Sie sich unglücklich fühlen. Fangen Sie bei sich selbst an, dann bewirken Sie etwas.

Das steht ab jetzt auf Ihrem Beziehungs-Stundenplan

Durch Ihre Fehler lernen Sie Ihre Stärke kennen: Aller Anfang ist schwer. Gehen Sie in kleinen Schritten voran. Wenn Sie gerade lernen, Ihr Beziehungsgeflecht zu entwirren und sich mehr für ihre eigenen Interessen einzusetzen, brauchen Sie mentale Unterstützung, die Sie sich selbst geben sollten. Denn Sie werden sich anfangs noch recht häufig mit Ihren ersten Selbstbehauptungsversuchen unwohl fühlen. Sagen Sie sich immer wieder den Satz: Wer macht, macht Fehler. Wer nichts macht, macht auch keine Fehler. Machen Sie sich aber klar, dass es Ihnen durchaus wehtun und Sie mit Trauer erfüllen kann, wenn Sie bestimmte Menschen aus Ihrem Leben entlassen. Das kann ein sehr schmerzhafter Prozess sein.

Sie brauchen keine Menschen, die Ihnen übel wollen: Dulden Sie in Ihrem Umfeld niemanden, der Sie ausnutzt und Ihnen schlechte Gefühle bereitet. Dazu hat niemand das Recht. Sie haben Ihre belastenden Beziehungen ausfindig gemacht. Schieben Sie die »Schädlinge« im Geist ein ganzes Stück von sich weg, heraus aus dem Schutzkreis um Sie herum, in den nur verträgliche Menschen gehören. Sie müssen aber nun auch lernen, diesen Personen keine »Steilvorlagen« zu liefern. Lassen Sie nicht zu, dass jemand Sie zum Energie-abzapfen missbraucht. Bei denjenigen, die Sie nicht loswerden können, sollten Sie die aktive Steuerung der Beziehung übernehmen. Dann können Sie versuchen, sie so zu gestalten, dass »Beziehungsvampire« so wenig Boden wie möglich unter die Füße bekommen. Schenken Sie Ihre Zeit vor allem Menschen, die Sie mögen! Misten Sie Ihren Freundes- und Bekanntenkreis rigoros aus. Wenn Sie sich mit vielen Leuten halbherzig treffen und nur oberflächlich austauschen, haben Sie nicht die Zeit, sich um Ihre wirklichen Freunde zu kümmern. Seien Sie beim Ausmisten aber auch konsequent: keine halbherzigen Anrufe oder Kontaktaufnahmen mehr. Schluss ist Schluss.

Glauben Sie fest an Ihre Fähigkeit, auch Konflikte zu überstehen: Wenn Sie an Ihre eigene Fähigkeit glauben, schwierige Situationen und Probleme meistern zu können, signalisieren Sie »Energieräubern« und »Beziehungsvampiren«, dass mit Ihnen nicht zu spaßen ist. Wann immer Sie sich dabei ertappen, dass Sie sich gedanklich selbst herabsetzen und wieder klein beigeben wollen, rufen Sie sich selbst immer wieder ein »Stopp«

zu. Halten Sie inne, verlassen Sie die Situation, um sich selbst zu schützen.

Wenn Sie merken, dass sich hinter Ihrem Rücken etwas Schädliches zusammenbraut, seien Sie gleich mobil: Ziehen Sie sich nicht in Ihr Schneckenhaus zurück. Signalisieren Sie Ihren Widersachern, dass Sie sich wehren werden. Suchen Sie sich Verbündete, die Ihnen den Rücken stärken. Päppeln Sie Ihr Selbstwertgefühl auf. Bleiben Sie aber selbst integer! Natürlich sollten Sie trotz des Versuchs, sich von »menschlichen Schädlingen« zu befreien, mit anderen Menschen achtsam umgehen. Gute Beziehungen sind etwas sehr Kostbares, das wir schützen und pflegen müssen, etwas, das uns Freude und Wärme schenkt. Versuchen Sie, Ihren Feinden nicht übel hinterher zu reden. Halten Sie sich an den Kinderspruch: Was du nicht willst, dass man dir tut, das füg' auch keinem anderen zu. Reden Sie nicht schlecht über andere und beteiligen Sie sich nicht daran. Unterstützen Sie lieber Menschen, denen übel mitgespielt wird.

Weisen Sie eigene Schuldgefühle, Projektionen und Halbherzigkeiten in ihre Schranken: Schuldgefühle zu haben, ist eine weibliche Unart. Jeder Mensch macht mal etwas falsch oder benimmt sich daneben. In irgendeiner Weise haben wir alle einmal Schuld an irgendetwas. Doch wenn wir uns permanent in schlechtem Gewissen wälzen, machen wir nichts besser, nichts anders und vor allem nichts ungeschehen. Wo auch immer dieser Hang zu Schuldgefühlen herkommt, er schwächt Sie. Versuchen Sie deshalb, sie unter Kontrolle zu bekommen, damit Sie nicht Ihr Leben vergiften und Ihr Handeln überlagern. Halten Sie es mit Projektionen und negativen Gefühlen ähnlich wie mit Neid und Rachsucht.

Lernen Sie, die Kraft der klaren Ansage zu schätzen: Nur wer nein sagen kann, kann auch wirklich ja sagen. Frauen haben oft nicht gelernt, ihre Interessen im guten Sinne durchzusetzen. Meist haben sie Angst, die Anerkennung der anderen zu verlieren, die sie aber wahrscheinlich ohnehin gar nicht haben. Daraus resultiert manchmal ein schizophrenes Verhalten: Entweder wir protestieren lauthals in leicht hysterischer Trotzhaltung oder wir ducken uns lächelnd weg und lassen es zu, dass andere unsere Grenzen überschreiten. Wenn das Nein in unserem Inneren keinen Platz findet, haben andere ein leichtes Spiel damit, uns von außen Verhaltensweisen und Dinge aufzudrücken, die schädlich für uns sind. Ein klares Nein schadet anderen nicht. Im Gegenteil: Sie wissen dann eher, woran sie sind. Frauen neigen dazu, sich bereits mit der Art zu reden und den Körper dabei einzusetzen kleiner zu machen als sie sind. Viele machen sich das Leben schwer, weil sie anderen das kleine, harmlose Mädchen vorspielen, von dem keine Bedrohung ausgeht. Sie tun dies, um andere und sich selbst zu schonen. Lassen Sie Ihr Gegenüber nicht im Unklaren über Ihre Meinung. Klare Ansagen ohne Wenn und Aber verhindern, dass andere ihre eigenen Interessen widerstandslos auf Ihre Kosten durchsetzen.

Suchen Sie nach Möglichkeiten, sich selbst zu lieben: Viele unserer Probleme entstehen, weil es uns an Selbstachtung fehlt oder weil wir die Liebe zu uns (und zu anderen) an unmögliche Bedingungen knüpfen. Hier einige Möglichkeiten, es zu ändern: Hören Sie auf, sich selbst zu kritisieren. Hören Sie auf zu grübeln und sich Sorgen zu machen. Seien Sie geduldig mit sich. Machen Sie Schluss mit Selbstbestrafung und Selbstvorwürfen. Loben Sie sich immer wieder, wenn Sie etwas gut gemacht haben. Lernen Sie, um Hilfe zu bitten und sich helfen zu lassen. Lieben Sie Ihre Schwächen als einen Teil von Ihnen. Betrachten Sie sich als ein wunderbares Haus. Sagen Sie sich immer wieder vor dem Spiegel, dass Sie sich mögen, fördern, vergeben. Lieben Sie sich jetzt! Warten Sie keinen Augenblick länger damit. Denn der Mangel an Selbstwertgefühl lockt die unterschiedlichsten »Beziehungsschädlinge« an – schmarotzende Partner, mobbende Kollegen, giftige Schwiegermütter, larmoyante Mütter, neidische Freundinnen, missgünstige Bekannte, ungebetene Besucher, Heiratsschwindler oder Sektenverführer. Sie alle verschaffen sich Vorteile, indem sie Sie ausnutzen und Sie von Ihrem Weg abbringen.

Boxen Sie schlechte Angewohnheiten die Treppe hinunter

Sie haben sich nun vorgenommen, belastende Beziehungen in Ihrem Umfeld zu beenden. Doch überall lauern Fallen, an denen Ihre Pläne scheitern können. »Eine Angewohnheit kann man nicht aus dem Fenster werfen. Man muss sie hinunterboxen, Stufe für Stufe.« Zu dieser Erkenntnis kam schon Mark Twain. Fast niemand verändert sein Verhalten einfach so, und schon gar nicht von heute auf morgen. Dazu ist unser Verhalten zu tief verwurzelt in unseren Gewohnheiten, die wir uns über Jahre oder gar Jahrzehnte hinweg zugelegt haben, die an Stimmungen und Gefühle geknüpft sind, die mit dem ursprünglichen Zweck oft nichts mehr zu tun haben.

Wappnen Sie sich gegen diese Fallen, in die Sie unversehens tappen können:

Sie haben sich zu viel vorgenommen und beschneiden sich durch Ihren Vorsatz zu radikal: Vielleicht haben Sie sich zum Ziel gesetzt »nie mehr mit Kollegin XY zu reden«, »keine Veranstaltungen von XY mehr zu besuchen« oder »alle Energiesauger sollen auf einmal aus meinem Leben verschwinden«. So ein rigoroser Plan kann Sie einengen und ist dann von vornherein zum Scheitern verurteilt. Setzen Sie Ihre Ziele nicht zu hoch an und planen Sie, Schritt für Schritt vorzugehen. Nehmen Sie sich lieber vor, beispielsweise mit Kollegin XY so wenig wie möglich zu reden, so oft es geht, einen Bogen um sie zu schlagen, und wenn sich ein Kontakt doch nicht vermeiden lässt, sich abends zu Hause aufzuschreiben, wie Sie sich dabei gefühlt haben und warum. Wenn Sie Ihr Ziel zu hoch stecken, laufen Sie Gefahr, einen Fortschritt als Misserfolg zu verbuchen, nur weil er unter Ihren Erwartungen lag. Das untergräbt Ihre Motivation. Wenn Sie schon einige Schritte hinter sich gebracht haben, können Sie Ihre Etappenziele etwas höher stecken.

Sie haben Ihren Plan nicht klar genug formuliert: Wenn Ihre Vorstellungen zu unkonkret sind – wie etwa »Irgendwann mal will ich mit XY nichts mehr zu tun haben!« –, fühlen Sie sich nicht genötigt, diese in die Tat umzusetzen. Dann rutschen Sie womöglich in die Gruppe der ewigen Ankündiger, die nie etwas »gebacken kriegen«, oder verfallen in lähmende »Aufschieberitis«. Benennen Sie Ihr Ziel konkret und formulieren es am besten schriftlich. In welchen einzelnen Schritten können Sie dorthin gelangen, wo Sie hin wollen?

Sie kalkulieren den Rückfall nicht mit ein: Wenn Sie zu perfektionistische Ansprüche an sich und Ihre Beziehungen haben, werden Sie wahrscheinlich bald das Handtuch werfen. Denn Rückfälle gibt es immer wieder, sie sind ja nur allzu menschlich. Sie sind kein Drama, schließlich ist das Leben wie eine Salami – immer gut durchwachsen. Geben Sie nicht auf, bleiben Sie gelassen. Wenn Sie einmal schwach geworden sind, überlegen Sie sich lieber, woran es denn gelegen haben könnte und was beim nächsten Mal besser wäre. Richten Sie Ihren Blick wieder nach vorn.

Sie haben einen schlechten Zeitpunkt gewählt: Viele Menschen ziehen Bilanz, wenn sie schwer erkrankt sind oder großen Kummer etwa wegen einer Scheidung haben. Das ist oft ein Anlass, sein Leben zu ändern, es tiefer und wertvoller werden zu lassen, sich von Belastungen zu trennen und von Zwängen zu befreien. Das kann den Selbstheilungsprozess unterstützen. Doch generell ist der Zeitpunkt für Veränderungen günstiger, wenn Sie gesund sind und sich Ihr Leben nicht in den allergrößten Umbrüchen befindet. Sie haben dann mehr Zeit und Muße, Ihr Leben, Ihr Lieben und Ihre Beziehungen zu klären.

Sie haben fremde Ziele zu den Ihren erkoren: Ihre Kolleginnen haben einen Rochus auf eine neue Sachbearbeiterin und zerreißen sich das Maul über sie. Sie denken sich: Eigentlich ist sie ganz nett, aber ich will trotzdem nichts mit ihr zu tun haben – wegen der anderen. Das ist zum einen nicht sehr fair und kann zum anderen auch gar nicht klappen, weil Sie nicht dahinter stehen. Ihr Ziel sollte sich ausschließlich daran orientieren, was gut oder schädlich für Sie selbst ist. Sie müssen sich mit Ihrem Tun identifizieren. Und erinnern Sie sich daran: Immer schön integer bleiben!

Sie haben sich etwas vorgenommen, was Sie nur zum Teil beeinflussen können: Sie können nicht allen Menschen aus dem Weg gehen, deshalb müssen Sie sich irgendwie mit ihnen arrangieren und eine Form des Umgangs finden, mit der Sie trotzdem leben können. Wollen Sie eine Beziehung verbessern – etwa zu einer Freundin oder Ihrem Partner –, sind Sie natürlich darauf angewiesen, dass Ihr Gegenüber das Seine oder Ihre dazu beiträgt. Ein großer Teil der Veränderung liegt darin, dass Sie an sich selbst, Ihren Erwartungen und Wünschen arbeiten, das ist aber im Endeffekt eben doch nicht alles. Sie müssen auch mit dem klarkommen, was Sie nicht ändern können.

„Kannst du Dinge nicht ändern, ändere deine Einstellung!"

Stählen Sie sich gegen Anfechtungen

Wenn Sie sich auf den Weg machen, sich und Ihre Beziehungen zu verändern und klarer zu gestalten, müssen Sie sich logischerweise darauf einstellen, dass das nicht allen gefällt. Denn schädliche Menschen und »Energiesauger« brauchen Sie ja, um Sie auszunutzen und auszusaugen. Andere mögen Sie vielleicht wirklich, sind aber trotzdem auf Ihrer Out-Liste gelandet, etwa weil Sie sich auf einige wenige wertvollere Beziehungen konzentrieren wollen oder schlicht nicht genügend Zeit haben. Stabilisieren Sie Ihre Seele und feien Sie sich gegen unbemerkte Schuldzuweisungen, indem Sie sich folgende Formeln einprägen und so oft wie möglich vor Augen halten:

- Jeder Mensch ist einmalig. Ich bin vollkommen einmalig. Schon deswegen hat mein Leben einen Sinn.
- Mein Körper, mein Geist und meine Seele sind eins.
- Weil ich mich selbst liebe, gehe ich gut mit mir um. Und auch andere behandele ich so, wie ich mir wünsche, selbst behandelt zu werden.
- Ich stelle mein Ich nicht über das Du, aber auch nicht darunter.
- Ich bin ich, und du bist du. Ich bin nicht auf der Welt, um deine Erwartungen zu erfüllen. Du bist aber auch nicht auf der Welt, um meine Erwartungen zu erfüllen. Und wenn es möglich ist, vertrauen wir einander und versuchen, uns nicht gegenseitig zu schaden.

- Ich will ändern, was zu ändern ist, und mich mit dem abfinden, was nicht zu ändern ist. Ich hoffe, dass ich das eine vom anderen unterscheiden kann.

- Ich kann, was ich will. Wenn ich ein Problem habe, will ich es lösen und nicht aufschieben. Wenn ich das Gefühl habe, es ist zu viel für mich, will ich die Schwierigkeit in einzelne Aufgaben zerlegen und diese nach und nach lösen.

- Ich bin nicht perfekt und muss es auch nicht sein. Ich erwarte keine Patentlösungen, nicht von mir selbst, aber auch nicht von anderen. Ich behalte mir vor, meine Meinung zu ändern. Verharren und beharren ist Stillstand. Üben, erfahren und einsehen sind Fortschritt.

- Schädliches lasse ich fallen und hinter mir. Das gilt für Meinungen, Dinge und auch für Menschen. Das kann im Einzelfall feige wirken. Aber für mich geht es um meine körperliche und seelische Gesundheit, um mein Leben. Ich behaupte nicht, heldenhaft zu sein. Kein Mensch hält Schädliches auf Dauer aus.

Holen Sie nun Ihren Kehrbesen und schreiten Sie zur Tat

»Menschliche Schädlinge« können uns das Leben schwer und manchmal auch fast unmöglich machen. Sie nerven uns, stehlen uns die Zeit, mobben uns, kränken uns, saugen uns aus, kleben an uns, lassen uns für sie arbeiten, verschaffen uns Leiden, kosten uns Kraft und Lebenszeit, bedrängen uns, drängen sich uns auf, verwickeln uns in Intrigen, sorgen dafür, dass wir uns schlecht fühlen und Schuldgefühle entwickeln. Solche Zeitgenossen vergiften uns und machen uns krank. Ist die Möglichkeit gegeben, sollten Sie sich von Menschen trennen, die Sie nur ausnutzen. Schließen Sie sie einfach innerlich und/oder äußerlich aus Ihrem Leben aus. Sie müssen sich deswegen nicht mit ihnen streiten. Die können ja gern so bleiben, wie sie sind. Sie sollten sich nur aus Ihrem »Dunstkreis« entfernen. Brechen Sie den Kontakt ab, verschleppen Sie Termine, ignorieren oder vergessen Sie sie. Lassen Sie die intrigante Kollegin links liegen, dem pampigen Gemüsehändler kaufen Sie einfach nichts mehr ab, das Lokal mit der unfreundlichen Bedienung meiden Sie künftig, Ihre Schulfreundin soll sich woanders ausheulen und mit der Tante, die ewig meckert, treffen Sie einfach keine Verabredung mehr. Trauen Sie sich! Vertrauen Sie Ihrer Intuition! Trauen Sie sich das einfach zu!

Manchmal wissen wir schon auf den ersten Blick, dass uns jemand nicht bekömmlich ist. Oft genug verlieren wir das dann aber wieder aus dem Auge – weil wir unseren ersten Impulsen meist nicht trauen. Manchmal dauert es lange, bis wir dahinter kommen, dass jemand uns die Energie raubt, uns einschüchtert oder Schuldgefühle verpasst. Nicht selten suchen wir sogar erst einmal die Schuld dafür, dass wir uns schlecht fühlen, bei uns selbst. Wir müssen herausfinden, wann wir uns mit wem und warum nicht gut fühlen und wie wir uns davor schützen können. Was genau passiert, wenn wir uns immer wieder in Gegenwart eines bestimmten Menschen nervös, angespannt, traurig oder irgendwie verfolgt fühlen?

Immer wieder kommt es vor, dass wir Menschen falsch einschätzen, ihren Charakter und ihre Absichten nicht richtig beurteilen. Denken Sie nur einmal daran, wie oft Sie schon gesagt haben: »Wie konnte ich mich bloß so irren?« – »Die XY habe ich aber gewaltig unterschätzt!« oder »Ich muss blind gewesen sein!« oder »Hätte ich nur meinen ersten Eindruck ernst genommen!«. Oft lassen wir uns von unserem Wunschbild oder unserem Harmoniebestreben leiten, nicht selten sind andere Menschen aber auch blendende Schauspieler und gaukeln uns einfach Bilder vor, die nicht der Wirklichkeit entsprechen. Viele Menschen lügen, dass sich die Balken biegen, ohne dass wir es merken oder weil wir uns das einfach nicht vorstellen können. Denken Sie nur einmal daran, was uns Politiker alles an plattesten Lügen auftischen, ohne rot zu werden.

Psychologen haben ausgemacht, dass die meisten dieser »Nervensägen« und »Energieräuber« versuchen, andere zu manipulieren und abzuwerten, um sich selbst besser zu fühlen. Oft verfügen sie über ein überaus labiles Selbstwertgefühl, sind zerfressen von Neid und Missgunst. Hinter ihrem miesen Verhalten steckt nichts anderes als nackte Angst, dass ihre eigenen Schwächen offenbar werden könnten. Manchmal sind sie aber schlicht faul und egoistisch. Das ist für uns meist schwer vorstellbar, weil sie doch so eine Macht über uns ausüben und wir uns selbst so schwach dabei fühlen. Sie »pfropfen« sich mit ihren Schwächen auf geniale Weise auf unsere eigenen Selbstzweifel und sozialen Bedürfnisse.

Natürlich können wir uns nicht alle Leute aussuchen, mit denen wir zu tun haben. Mit vielen Menschen müssen wir aus den unterschiedlichsten Gründen einfach auskommen. Aber wir können versuchen, Sie so zu sehen, wie sie sind, und die Rolle zu erkennen, die uns in diesem »Beziehungs-Spiel« zugedacht ist. Nun müssen wir uns aber auch – im Gegensatz zu den Generationen vor uns – mit wesentlich mehr Menschen auseinander setzen. Wir lernen mehr Menschen kennen und müssen mit mehr Menschen zurechtkommen. Folglich ist unser Gehirn auch wesentlich damit beschäftigt, die »Guten ins Töpfchen« und die »Schlechten ins Kröpfchen« zu sortieren. Damit sind wir aber zunehmend überfordert. Interessanterweise – das stellen Psychologen fest – haben die neuen Kommunikationsmöglichkeiten dazu geführt, dass unsere eigentliche Sensibilität für die menschlichen Signale verloren geht. Dazu gehören die Einschätzung von Gesichtsausdruck, Aussehen, Haltung, Motorik, Geruch, Händedruck, Stimmlage, Kleidung und vieles mehr. Negative Gefühle sind dabei bei anderen erfahrungsgemäß schwerer zu entziffern als positive. Denn der Freude etwa gibt man mehr oder weniger spontan Ausdruck, negative Emotionen werden eher verborgen. Das zu erkennen können Sie wieder lernen, indem Sie Ihre Menschenkenntnis schulen und Ihrer Intuition mehr Raum verschaffen.

»Die Guten ins Töpfchen, die Schlechten ins Kröpfchen«

Wenn manche Leute unablässig bei Ihnen ihren seelischen Sondermüll abladen oder ausschließlich und allein im Mittelpunkt stehen wollen, sollten Sie die Notbremse ziehen. Schuldgefühle und schlechtes Gewissen sind – wie gesagt – eine weibliche Spezialität, denn wir werden dazu erzogen, uns für andere verantwortlich zu fühlen, zu sorgen, zu trösten und eine Art »Energie-Tankstelle« für den Rest der Welt zu sein. Das hat dazu geführt, dass wir uns nie sicher und stark fühlen. Wir befürchten, dass die anderen uns nicht mögen oder lieb haben, wenn wir uns zur Wehr setzen. Viele Menschen haben es nicht gelernt, sich aus ihren eigenen Energiequellen zu versorgen. So werden sie zu »Vampiren«, die anderen das Blut aus den Adern saugen. Sie missbrauchen sie, um ihre eigenen Defizite auszugleichen, um sich mächtig zu fühlen.

Aber wie »entsorgen« Sie nun die Menschen, die Sie für sich als schädlich erkannt haben, aus Ihrem Umfeld? Das hängt davon ab, als wie schädlich Sie sie empfinden und in welcher Beziehung Sie zueinander stehen. Um sich darüber klar zu werden, haben Sie ja Ihre Beziehungsanalyse gemacht. Ihre Beziehungen müssen sich an dieser Messlatte orientieren: Wie sehr und wozu brauche ich diesen Menschen, fühle ich mich in seiner Gegenwart belastet, pudelwohl oder »irgendwie gar nicht«, was passiert, wenn er oder sie aus meinem Leben verschwindet? Bei etlichen Beziehungen wird es Ihnen wahrscheinlich schon ausreichen, dass Sie sich über Ihre Gefühle und Wünsche, Ihre Knackpunkte und Kränkungen klar geworden sind, um zu wissen, wie es weitergehen soll.

Nicht selten geht es rein äußerlich so weiter wie gehabt – schon weil dies nicht anders geht oder auch gar nicht nötig ist. Doch im Inneren finden Sie nun besser Abstand und können missliebiges Verhalten besser einordnen und wegsortieren. Vielleicht verändern sich unmerklich Ihre Reaktionen auf den anderen, und die Beziehung wird schon dadurch in angemessenere Bahnen gelenkt.

Von manchen Menschen, die Ihnen nicht bekömmlich sind, werden Sie sich nicht trennen können, weil Sie in irgendeiner Form von ihnen abhängig sind. Das können große Abhängigkeiten (Vorgesetzte, Auftraggeber) oder kleine Abhängigkeiten (der Babysitter, die Frau, die immer Ihren Hund in Pflege nimmt) sein. Doch in diesen Fällen haben Sie trotzdem das Ruder in der Hand, da Sie sich keine Illusionen mehr darüber machen. Möglicherweise haben Sie sich vor Ihrer Beziehungsanalyse eingebildet, Sie seien miteinander befreundet. Nun wissen Sie, dass das nicht stimmt und können weniger emotional mit dem Gegenüber kommunizieren.

Manche Menschen können Sie schlicht aus Ihrem Leben ausschließen, indem Sie sie nicht mehr sehen, keine Verabredungen mehr treffen und sich komplett von ihnen zurückziehen. Das bedeutet allerdings, dass Sie sie aber auch nicht mehr »erhören«, wenn diese Sie einladen oder Ihnen mit irgendetwas Druck machen. Manchmal werden Sie sich eine »Übergangszeit« oder Notlügen zugestehen müssen, indem Sie eine Beziehung langsam ausklingen lassen – Rückfälle eingeschlossen.

Mit anderen Menschen möchten Sie vielleicht im Streit auseinander gehen und ihnen vorher noch einmal so richtig die Meinung sagen. Dazu rate ich Ihnen jedoch nicht, denn das belastet letztendlich nur Sie selbst, weil Sie auf Ihren negativen Gefühlen hocken bleiben.

Wenn Sie beschlossen haben, einen Menschen aus Ihrem Leben zu verbannen, ist überhaupt nichts damit gewonnen, wenn Sie ihm erklären, für was für einen Versager oder was für ein Schwein Sie ihn oder sie halten. Wahrscheinlich wollen Sie sich damit nur selbst zeigen, wie toll, wie »konfliktfähig« oder durchsetzungsfähig Sie sind. Womöglich suchen Sie auch irgendwelche Rachegelüste heim. Den anderen drängt das nur in eine Abwehrhaltung, die keine Verhaltensveränderung nach sich ziehen wird. Und wenn Sie sich wirklich trennen wollen, kann Ihnen das auch egal sein. Verabschieden Sie sich einfach auf Französisch, schreiben Sie einen Brief oder sagen Sie, dass Sie Abstand brauchen. Kleine Notlügen sind auch in diesem Fall erlaubt. Zerschlagen Sie jedoch nicht mehr Geschirr als nötig, dass nützt Ihnen nichts, bleibt aber an Ihnen hängen.

Wenn Ihnen wirklich eine Auseinandersetzung am Herzen liegt, so werden Sie wahrscheinlich auch bereit sein, die Beziehung in irgendeiner Form aufrechtzuerhalten, sofern Sie beide sich annähern können. Auch das ist eine Möglichkeit. Vielleicht haben Sie nur ein Missverständnis zu klären, andere Absprachen zu treffen oder die Prioritäten in der Beziehung etwas zu verschieben. Dann liegt Ihnen noch am anderen und Sie können um diese Beziehung kämpfen.

Vor allem im beruflichen oder außerfamiliären Bereich sollten Sie in Zukunft vielleicht etwas mehr Abstand halten. Nicht jeder Mensch muss wissen, wie Sie leben, wo Sie wohnen und aus welchen Verhältnissen Sie stammen. Sie müssen weder Mann noch Kinder vorführen oder sich unnötige Zwänge schaffen, indem Sie Kollegen oder Geschäftspartner zum Geburtstag nach Hause einladen. Unter solchen Umständen kann es beispielsweise sein, dass jemand unter dem Einfluss von netter Atmosphäre und Alkohol die Kontrolle über sich verliert und Schwächen zeigt. Am nächsten Tag wird er Ihnen das übel nehmen und Sie dafür bluten lassen. Das bedeutet ja nicht, dass Sie nicht einen höflichen und netten Kontakt miteinander pflegen können, nur lassen Sie niemanden zu dicht an sich heran, wo Sie es nicht wirklich wollen und wo es Ihnen nicht dienlich ist.

Genießen Sie gelegentlich schöne Stunden mit Kollegen oder anderen weiter entfernteren Menschen, aber verbrüdern Sie sich nicht. Wenn Sie im Urlaub nette Leute kennen lernen, überlegen Sie sich lieber dreimal, ob Sie die Bekanntschaft wirklich fortsetzen wollen und ob sie das wert ist. Vielleicht ist es sinnvoller, die Zeit für Ihre wertvollen Beziehungen zu nutzen?

Möglicherweise hilft Ihnen auch das Drei-Körbe-Modell, das Entrümpelungsexperten vorschlagen: Schreiben Sie die Namen Ihrer Bezugspersonen auf kleine Zettelchen und legen Sie diese in drei Körben ab: Die wertvollen und engen Beziehungen kommen in Korb 1, hieran wird nicht getastet. Die Beziehungen, die Sie loslassen wollen, landen in Korb 3. Alle anderen, bei denen Sie sich nicht sicher sind oder die sich in der Grauzone befinden, kommen in den Zwischen-Korb. Diesen nehmen Sie sich immer mal wieder vor, ziehen ein Zettelchen heraus und überlegen, was Sie mit dieser Beziehung anfangen wollen.

Und eines wollen wir natürlich auch nicht außer Acht lassen: Sie werden bei Ihrer Beziehungsanalyse auch die Rohdiamanten unter den Beziehungen finden, die nur noch ein wenig Schliff brauchen und um die es sich zu kämpfen lohnt.

Ihr Akutprogramm gegen »Energieräuber«

- Alle Beziehungen beruhen auf dem Prinzip des Gebens und Nehmens. Ist die Bilanz unausgeglichen, kann die Beziehung nicht wirklich funktionieren. Versuchen Sie, eine Strategie zu entwickeln, mit der Sie möglichst selten in die Lage kommen, dass die oder der andere Sie überrollt. Sie sollten so weit kommen, dass Sie den aktiven Part übernehmen. Stellen Sie sich die Frage, was Sie von demjenigen haben und wozu Sie selbst ihn brauchen. Können Sie den Spieß umdrehen und die Beziehung nach Ihren Vorstellungen prägen?
- Vielleicht legen Sie sich ein Tagebuch an, um festzustellen, wie viel Energie, Kreativität und Zeit Sie für solche Menschen aufwenden. Notieren Sie sich nach jedem Telefonat oder Treffen, wer von wem was gehabt hat. In welcher Hinsicht haben Sie profitiert?
- Wenn Sie solchen »Energiesaugern« das Handwerk legen oder Sie aus Ihrem Leben entfernen wollen, brauchen Sie eine gehörige Portion Egoismus und Durchsetzungskraft. Sie müssen der Versuchung widerstehen, die Kluft zwischen Ihnen und dem »Energieräuber« durch Höflichkeit und selbstschädigende Anpassung überbrücken zu wollen.
- Üben Sie, sich gegen Zumutungen zu wehren. Fangen Sie dabei ruhig klein an. Das macht Mut, sich auch ge-

gen größere Zumutungen zu wehren und den Ärger nicht länger aus Angst vor einem Konflikt zu unterdrücken.

- Gewöhnen Sie es sich an, Ihren Willen zu äußern, ohne sich dafür gleich zu entschuldigen, zu rechtfertigen oder abzuschwächen.
- Riskieren Sie ruhig öfter eine »dicke Lippe«. Fangen Sie auch hier klein an mit eher unwichtigen Anlässen.
- Widersprechen Sie ruhig mal auch dann, wenn es Ihnen gar nicht so wichtig erscheint. Stellen Sie sich darauf ein, dass Sie sich anfangs nicht besonders wohl dabei fühlen werden. Versuchen Sie, dieses unangenehme Gefühl nicht gleich wieder durch einen faulen Kompromiss aus der Welt zu schaffen.
- Falls Sie dazu neigen: Spielen Sie nicht das kleine Mädchen. Das ist Ihrer unwürdig. Stellen Sie sich nicht dümmer und hilfloser, als Sie sind – nicht mal aus taktischen Gründen.
- Lernen Sie, zu sich »Ja« zu sagen und zu anderen »Nein«. Nur wenn Sie sich selbst wichtig nehmen, wird Ihnen das deutliche »Nein!« gelingen, wenn Bedürfnisse und Ansprüche von anderen Sie schwächen. Sie werden auf Dauer Ihre Stärke verlieren, wenn Sie von Freunden, Verwandten, Bekannten und Kollegen als Seelentrösterin und Mülleimer für deren Probleme ausgenutzt werden. Unterstreichen Sie Ihr »Nein« mit einer klaren Körperhaltung.
- Trennen Sie sich beherzt von ewigen »Schmarotzern«.

Zur Sache mit den Schätzchen

Warum geraten wir immer wieder – auch sehenden Auges – in Situationen, in denen unsere Zuvorkommenheit missbraucht wird? Warum fällt es uns so schwer, Grenzen zu setzen und uns auch selbst an diese zu halten? Warum sind wir so oft netter zu Menschen, als wir es eigentlich sein wollen? Wieso lassen wir zu, dass wir von anderen aus- und über den Tisch gezogen werden? Die heute erwachsenen Frauen tun sich immer noch damit schwer, anderen ein klares »Nein« entgegenzuhalten. Die Spuren dafür sind natürlich – wie so vieles – in unserer Kindheit zu suchen.

Psychologen sagen, dass es vor allem unsere eigenen Defizite sind, die uns anfällig dafür werden lassen, die eigenen Überzeugungen, Werte und Interessen zugunsten eines anderen sausen zu lassen. Defizite in Bereichen wie Liebe, Sex, Romantik, Abenteuer, Macht, Geld, Selbstwertgefühl und dem Gefühl für die eigene Einmaligkeit. Viele Frauen zweifeln an sich selbst und glauben, Gutes von vornherein nicht verdient zu haben. Sie spüren ihre Einmaligkeit nicht und glauben, dass sich kaum jemand ernsthaft für sie interessiert. Kleine Mädchen, die leicht übersehen werden, werden auch später häufig das Gefühl nicht los, unwichtig zu sein. Sie stecken dann selbst als Erwachsene zurück, um andere in ihrer Wichtigkeit zu bestärken, um von ihnen Zuwendung zu erkaufen. Sie sind bei Machtspielen meist unterlegen, weil sie sich einfach nichts zutrauen.

Manche Zeitgenossen nutzen das ganz bewusst aus. Denn als Mädchen haben wir ja noch gelernt, dass wir

»lieb« sein sollen, artig und eher angepasst, dass es nicht gern gesehen ist, wenn wir uns zur Wehr setzen, stark und fordernd sind. Jungen – wie unsere Brüder etwa – durften all dies sein, dafür aber eben nicht lieb und artig.

Wenn in Ihrer Kindheit Ihre Gefühle nicht ernst genommen wurden, Ihnen vermittelt wurde, unwichtig zu sein, oder Ihr Wille durch eine strenge Erziehung unterdrückt wurde, dann haben Sie kaum gelernt, wie man sich selbstsicher für die eigenen Wünsche einsetzt. Konflikte sind Ihnen unbehaglich. Das ist ein Verhaltensmuster, das die meisten Frauen beeinflusst. Für Frauen ist es wichtig, geliebt zu werden und beliebt zu sein. Männer wollen Macht und Dominanz. Das liegt an dem, was wir mit auf die Welt bringen und was durch die Erziehung noch einmal verstärkt wird. Das werden wir in den nächsten Kapiteln noch sehen. Dieses Muster sitzt fest in unserem Verhaltensprogramm. Sie bemerken vielleicht, dass Sie sich selbst mit diesem Muster immer wieder ein Bein stellen. Weil Sie zu nachgiebig sind, immer wieder an derselben Stelle ausgenutzt werden, weil sie Menschen zu dicht an sich herankommen lassen, zu schnell die Geduld verlieren oder einen falschen Eindruck hinterlassen. Wenn Sie ihm auf die Schliche kommen wollen, sollten sie sich das in mehreren Schritten vornehmen:

1. Das eigene Muster erkennen: Überlegen Sie sich in aller Ruhe, wie Sie im Normalfall bei Konflikten oder in Situationen, die Ihnen unangenehm sind, reagieren. Was stört Sie an Ihrem Verhalten? Wo ist – vielleicht – der Punkt, an dem sich das Blatt zu Ihren

Ungunsten wendet? Was glauben Sie, worauf Ihr ungeliebtes Verhalten zurückzuführen ist? Haben Sie eine Idee, wie sich dieses Verhalten ändern könnte?

2. Bevor es an den Ernstfall geht, machen Sie sich noch einmal Ihr störendes Verhalten klar: Gleich werde ich wahrscheinlich wieder drauf und dran sein, zu lieb zu sein, dem Streit aus dem Weg zu gehen, klein beizugeben, zu schnell zu allem Ja und Amen zu sagen.

3. Versuchen Sie diesen automatischen Ablauf zu unterbrechen. Nehmen Sie sich vor, vorher einen Puffer einzulegen, indem Sie den Raum kurz verlassen, einmal tief durchatmen, sich mit einem bestimmten Satz mental stoppen.

4. Errichten Sie sich einen Schutzschild. Wenn Sie sich gegen bösartige Menschen zur Wehr setzen müssen, ist es nicht nur wichtig, ihnen klar entgegenzutreten, sondern sich auch emotional gegen sie zu wappnen. Versuchen Sie es einfach einmal so: Schließen Sie die Augen und stellen Sie sich vor, dass um Sie herum mehrere Kreise gezogen sind, die unüberwindbar sind. Sie können aus den unterschiedlichsten Materialien, Farben und Formen sein. Auf alle Fälle halten sie Ihre Widersacher davon ab, Ihnen zu nahe zu kommen. Wenn Sie in einer unangenehmen Situation sind, stellen Sie sich Ihren Schutzschild innerlich vor und wie Ihr »Bösmichel« daran abprallt. Wenn Sie das wirklich eintrainieren, wird Ihr Unterbewusstsein Sie emotional stärken.

5. Wenn Ihnen danach ist, werden Sie ruhig auch böse. Schlucken Sie bloß Ihre Wut nicht immer herunter, und werden Sie getrost einmal laut. Am Anfang wird Ihnen dabei sicher noch heiß und kalt werden, womöglich werden Sie auch Angst vor den Reaktionen der anderen haben oder vielleicht sogar vor der Wucht Ihrer eigenen Gefühle. Wenn Sie in einer Auseinandersetzung heftiger als sonst reagieren, werden Sie womöglich anfangs nicht besonders treffsicher in der Wahl Ihrer Worte sein oder auch etwas schriller reden als sonst. Sehen Sie sich das nach, das gibt sich mit wachsender Übung. Die ersten Hürden wollen übersprungen sein. Souveränität kann sich erst entwickeln, wenn alle Gefühle gleichermaßen zum Zuge kommen können und wir nicht mehr das Gefühl haben, etwas mühsam in uns hineinfressen zu müssen.

Dass Frauen dazu neigen, sich freiwillig zurückzunehmen, zeigt sich unter anderem darin:

- Sie sind oft zu höflich.
- Sie warten immer, bis ihr Gegenüber ausgesprochen hat.
- Sie schwächen ihre Aussagen häufig gleich ab – etwa durch einleitende Fragen wie »Ist es nicht so, dass …?« – »Könnte es nicht sein, dass …?«, Zusätze wie »Das ist natürlich nur meine persönliche Meinung …« oder hängen hinten noch ein fragendes Wort an wie »oder?«
- Sie reden oft im Konjunktiv: »Ich würde sagen, dass …« – »Ich hätte gern gewusst, ob …«

- Sie werten ihr eigenes Wissen ab: »Das ist natürlich nur so eine Idee von mir …« – »Ich weiß nicht, ob Sie damit etwas anfangen können …«
- Sie verniedlichen ihre berechtigte Wut: »Ich hab mich echt geärgert.«
- Sie verhalten sich harmlos und machen sich klein: »Ein Tässchen Kaffee hätt' ich gern.«
- Sie bieten mehr Angriffsfläche für unfaire und persönliche Attacken, weil sie persönlicher reden: »Ich überlege mir, ob …«
- Sie schrauben ihre Stimme hoch und machen sich damit zum kleinen Mädchen, das signalisiert: »Seht her, ich bin so hilflos, bitte tut mir nichts!« – dahinter verschwindet dann das, was eigentlich gesagt werden soll.

Wenn das auch auf Sie zutrifft, sollten Sie Ihre Gesprächstaktik ändern:

- Lassen Sie sich nicht unterbrechen. Weisen Sie den Unterbrecher entschieden zurück – etwa »Moment mal, ich war noch nicht fertig!«
- Entlarven Sie offen, was Sie mundtot machen soll: »Offenbar haben Sie kein Interesse an dem, was ich zu sagen habe!«
- Unterbrechen Sie andere ruhig einmal.
- Helfen Sie anderen Frauen, denen man ständig ins Wort fällt.

- Formulieren Sie das, was Sie sagen wollen, nicht als Frage.
- Beginnen Sie das, was Sie sagen wollen, nicht mit einer einleitenden Bitte.
- Wenn man Ihnen nicht zuhört, sprechen Sie das direkt an. Sie können auch Personen direkt ansprechen.

Geben Sie Ihrer Stimme Power

Amerikanische Wissenschaftler haben im Experiment festgestellt, dass der Ton tatsächlich die Musik macht. Dem Klang der Stimme kommt bis zu fünfmal mehr Bedeutung zu als dem Inhalt des Gesagten. Ein starkes Argument kommt nicht als solches rüber, wenn die Stimme nicht entsprechend stark und kräftig klingt. Doch jede Stimme lässt sich so trainieren, dass sie voller tönt und mehr Gewicht hat. Meist hilft allein schon eine gezielte Atemtechnik, dass die Luft richtig eingesetzt werden kann und die Stimme nicht »gickst« oder schrill wird.

So atmen Sie richtig:

- Üben Sie die Zwerchfellatmung: Beim richtigen Einatmen soll sich das Zwerchfell senken, während der Bauch sich wölbt. Die Luft strömt in die Lunge, Brust und Rücken weiten sich und vergrößern den Resonanzraum. Beim Ausatmen können Sie ein genussvolles »Mmmmmmm« oder »Aaaaaah« von sich geben. Diese Atmung sollten Sie üben, sooft es geht.

- Sprechen Sie deutlich und formen Sie beim Sprechen der Vokale die Lippen – bei o und u die Lippen betont runden, bei a und e den Mund weit öffnen. Auch dadurch wird der Resonanzraum größer und Ihre Stimme voller.
- Halten Sie sich gerade, wenn Sie sprechen. Das wirkt sich positiv auf die Stimmlage und den Resonanzraum aus. Eine gebeugte Haltung beeinträchtigt die Schwingung der Luft.
- Versuchen Sie immer, so tief und unaufgeregt wie möglich zu sprechen.
- Betonen Sie einzelne Wörter. Das macht interessanter, was Sie sagen. Am Ende eines Satzes sollten Sie die Stimme senken und keinesfalls heben. Sonst nehmen Sie das Gesagte wieder zurück.
- Sprechen Sie nicht zu schnell, das lenkt von der Wichtigkeit Ihrer Aussage ab.
- Reden Sie nicht zu lange, das ermüdet die Zuhörer.
- Wiederholen Sie sich nicht. Erklärungen müssen nicht fünfmal in anderen Formulierungen vorgebracht werden.
- Streichen Sie den Satz »Eigenlob stinkt« aus Ihrem Repertoire. Wenn Sie sich nicht selbst loben, tut es auch kein anderer. Loben Sie sich übungshalber, wenn Sie allein sind, sagen Sie aber auch anderen, dass Sie einsame Spitze sind.

Vergeben Sie Ihren Feinden

Nun kommen wir noch zu einem ganz wichtigen Punkt: Haben Sie sich von »menschlichen Schädlingen« befreit, werden Sie auch Phasen der Enttäuschung, des Hasses, der Wut und des Ärgers hinter sich haben. Davon müssen Sie sich befreien und innerlich reinigen. Denn innere Unversöhnlichkeit kann Sie krank machen, weil Sie sie in negativen Gefühlen fesselt. Und das ist ja nicht der Zweck der Übung, schließlich sollen Sie sich hinterher besser fühlen. Groll und Verbitterung kann Ihren Weg zum Lebensglück verstellen. Wenn Sie Ihren Groll pflegen, bleiben Sie darin stecken. Nur wenn es Ihnen gelingt zu vergeben, werden Sie frei für Neues.

Nicht immer läuft unser Leben nach Plan. Und auch die Beziehungen zu anderen Menschen sind meist höchst durchwachsen. Da ist die Freundin, die Sie bei einer anderen »verpetzt«, die Kollegin, die hinter Ihrem Rücken unschöne Gerüchte verbreitet, der Mann, der einer anderen zu lange hinterherschaut, die Eltern, die die kleine Schwester vorziehen. Wohl niemand kommt ohne Lieblosigkeiten, Ungerechtigkeiten, Untreue, Verrat und Verletzungen davon. Aber wir sind nicht nur Opfer. Auch wir selbst kränken, verletzen und enttäuschen andere. Wir sind zornig, neidisch, rachsüchtig, egoistisch, lieblos, »verbiestert« und verbittert.

Doch das ist, wenn es zum Dauerzustand wird, äußerst schlecht für eine bewusste Lebenshaltung. Deshalb sollten Sie der inneren Versöhnung eine Chance geben. Ob Sie dann etwa Ihrer Erzfeindin, Ihrem Ex oder Ihrer ehemals besten Freundin auch nach außen hin Vergebung signalisieren, ist eine andere Sache. Das muss nicht unbedingt sein. Sie müssen nicht zum »Gutmenschen« mutieren, der über sich selbst hinaus wächst.

Unterbrechen Sie den inneren »Hassfluss«

Feindselige Gedanken regen Ihr Gehirn auf zweierlei Weise an: Sie reizen den energiespendenden Sympathikus ebenso wie den Parasympathikus, der uns beruhigt. Sie geben also Gas und bremsen gleichzeitig. Ihr Organismus läuft unrund. Die zwiespältigen Botschaften von oben bringen alles durcheinander. Viele Frauen haben das Gefühl, sie trügen etwas Unerledigtes mit sich herum. Eine Kränkung, die nicht irgendwann umgewandelt und abgeschlossen wird, taucht immer wieder aus unseren inneren Tiefen auf und macht unserem ausgewogenen Seelenleben einen Strich durch die Rechnung. Wenn Wut und Rachegefühle nicht nachlassen, entsteht tiefer Groll. Manche Menschen wollen genau das, weil sie sich dann moralisch überlegen fühlen, weil ihnen die Schuldgefühle des anderen eine Art quälenden Genuss bereiten. Sie machen sich damit jedoch zum Gefangenen ihrer selbst. Für manche wird der bodenlose Hass auf den Feind oder die Feindin, den Ex oder die treulose Freundin gar zum Lebensinhalt. Das Denken und Fühlen kreist immer wieder um den Feind und seine Taten. Das ist in der Regel auf ein stark angeknackstes Selbstwertgefühl zurückzuführen.

Laden Sie schlechte Gefühle aus Ihrem Leben aus

Mit solchem Verharren laden Sie schlechte Gefühle ein, bei Ihnen Dauergast zu sein. Solange Sie diese Gäste in Ihrem inneren Haus haben, ist für ein wirkliches Glück kein Platz. Denn sie binden Unmengen seelischer Energie und hindern Sie am Wachsen, Weiterleben und an Ihrer Erfüllung. Psychologen sagen, dass dieses Verhalten eine Flucht vor der notwendigen Ehrlichkeit mit sich selbst ist. Der Schmerz über eigene Stärken und Schwächen muss durchlebt und verarbeitet werden, damit es ein gesundes Lieben geben kann. Erst wenn wir uns selbst und unseren eigenen Anteil realistisch sehen, schaffen wir es, die Vergangenheit und die Kränkung loszulassen, den Verlust zu überwinden und etwas Neues anzufangen. Irgendwann sollten Sie die Vergangenheit ruhen lassen. Sie können Ihren Feind, Ihre Feindin weiterhin nicht mögen, aber Sie sollten sich nicht länger mit ihm oder mit ihr beschäftigen. Versuchen Sie, die Beziehung abzuhaken, wenn Sie kein Interesse mehr an dem anderen Menschen haben. Geben Sie Ihre Vorstellung von Wiedergutmachung, Vergeltung oder dem Recht-haben-wollen auf. Die Welt ist nicht gerecht, und das Leben kostet seinen Preis. Sie können die Uhr nicht zurückdrehen. Aber Sie können dafür sorgen, dass Sie nicht aus der Bahn geworfen werden.

Vergeben ist eine Lebenshaltung

Seinen Feinden und »schädlichen Menschen« zu vergeben, heißt nicht, Schlechtes zu leugnen oder die Augen vor Tatsachen zu verschließen. Es bedeutet nicht, dass Sie Ihre anfängliche Wut oder Verletzung leugnen und alles Schlechte vergessen sollen. Sie können ihren Feinden vergeben, indem Sie erkennen, dass auch diese ihres Glückes und Unglückes Schmied sind, können trotzdem die Beziehung gänzlich abbrechen, und es ist auch völlig in Ordnung, wenn Sie manche Menschen nicht wiedersehen, vergessen oder völlig aus den Augen verlieren. Vergeben heißt, dass *Sie* Ihren inneren Frieden schließen und sich nicht mehr im Kreis der Vergangenheit drehen. Wer an der Vergangenheit klebt, ist nicht frei für die Zukunft.

Sie vergeben Ihren Feinden, müssen deren Taten aber nicht entschuldigen. Verstehen oder vergeben heißt nicht zwangsläufig verzeihen. Wenn Sie einem Übeltäter vergeben können, üben Sie einen Akt der Gnade aus. Selbst wenn er leugnet, dass er etwas Falsches oder Unrechtes getan hat – egal, Sie werden sich besser fühlen und glücklicher werden. Wenn Sie durch das tiefe Tal der Trauer über Enttäuschung und Verlust gegangen sind, werden Sie etwas hinzugewonnen haben. Ein tieferes Verständnis für Ihre eigenen Stärken und Schwächen, das es Ihnen ermöglichen wird, auch anderen gegenüber nachsichtiger zu sein. Sie bekommen eine Sicht für Gut und Böse und für die Proportionen von Gefühlen.

Was für ein Beziehungstyp sind Sie?

1 Ihre beste Freundin bucht für Sie beide eine gemeinsame Reise, wie zu Singlezeiten, ohne dass Sie es wissen. Allerdings vergisst s dass Sie inzwischen verheiratet sind und so etwas vorher mit Ihre Mann besprechen wollen und auch müssen. Da sie Ihren Mar nicht mag, könnte es ein Affront gegen Ihre Beziehung sein. W verhalten Sie sich?

C Ich werde rasend vor Wut und kündige ihr die Freundschaft, mein Mann ist mir wichtiger.

A Ich schlucke meinen Ärger herunter und riskiere lieber, dass mein Mann sau ist, denn meine Freundin hat ja ältere Rechte.

B Ich bitte sie, nächstes Mal doch vorher zu fragen und zu akzeptieren, dass da Wochenende mir und meinem Mann gehört und ich mit ihm etwas unternehmen möchte.

2 Bei einem Betriebsausflug fängt Ihre Lieblingskollegin plötzli an, über Ihr Schreibtisch-Chaos herzuziehen und einige vertrau che Dinge zu erzählen, die Sie ihr unter dem Siegel der Verschwi genheit anvertraut haben. Sie vermittelt den anderen, dass Sie ei Versagerin sind. Was tun Sie?

A Ich tue so, als ob ich nichts gehört hätte … bloß keinen Streit vor anderen.

C Ich setze auf eine Retourkutsche und kläre die anderen darüber auf, was für eine Intrigantin die Kollegin ist, das untermauere ich natürlich auch mit einigen »Schmankerln« von ihr.

B Ich versuche, ruhig Blut zu bewahren, die Kollegen abzulenken, und erkläre der Kollegin am nächsten Tag unter vier Augen, dass wir so nicht miteinand umgehen können und dass ich Konsequenzen ziehen werde.

Ihr Partner glänzt auf einer Familienfeier mit einem originellen ıd großzügigen Geschenk, das Sie sich eigentlich ausgedacht und ›sorgt haben. Es ist nicht das erste Mal, dass er sich mit »fremden ›dern« schmückt. Wie reagieren Sie?

C Ich verlange noch während der Feier, dass die Angelegenheit klargestellt wird und dass auch alle anderen Anwesenden darüber aufgeklärt werden.

B In einer ruhigen Minute sage ich meinem Partner, dass ich das künftig nicht mehr dulden werde und dass keiner sich mit meinen Ideen schmücken darf.

A Ich gehe zu meinen Eltern und beschwere mich bitterlich bei ihnen.

Sie haben zu einem geselligen Beisammensein zu sich nach ause eingeladen. Unter dem Einfluss von Alkohol wird Ihr Ab-ilungsleiter etwas redselig und erzählt anderen Ihre Geheimnisse - wa von kleinen Unregelmäßigkeiten im Job. Was nun?

B Ich lasse mir nichts anmerken, tue so, als hätte er einen guten Witz erzählt, schließlich will ich demnächst eine Gehaltserhöhung.

A Ich stelle ihn am nächsten Tag zur Rede, mache ihm eine Szene und bitte ihn, mit Vertraulichem gefälligst auch vertraulich umzugehen.

C Ich bin stocksauer und putze ihn postwendend vor allen anderen herunter, dabei duze ich ihn und kündige ihm öffentlich die Gefolgschaft.

Sie haben für Ihren Mann und sich zum Hochzeitstag ein wun-›rbares Festessen gezaubert, den Tisch feierlich gedeckt und hoffen ıf einen trauten Abend mit vielleicht erotischem »Ausgang«. Er ıdet es jedoch wichtiger, dass er nebenbei noch die Bundesliga-ıow im Radio hören kann. Was tun Sie?

B Ich erkläre ihm, dass ich dafür nicht stundenlang in der Küche gestanden habe, und erwarte, dass er das Radio ausstellt.

A Ich stelle das Essen warm, höre mit ihm gemeinsam die Sendung und tische wieder auf, wenn sie vorbei ist.

C Ich verlasse wutentbrannt das Haus und weine mich bei meiner besten Freundin aus.

6 Bevor Sie Kleidung in die Reinigung bringen, schauen Sie noc einmal alle Taschen durch. In der Hemdtasche Ihres Freundes fin den Sie ein Zettelchen mit einer Telefonnummer und einem Her: chen drauf. Wie gehen Sie damit um?

C Ich stelle ihn natürlich sofort zur Rede, denn das ist ja schließlich ein eindeutiges Indiz.

B Ich warte eine passende Gelegenheit ab und bitte ihn dann, mir zu erklären, was es mit der Telefonnummer auf sich hat.

A Ich weiß, dass seine Kollegin immer und überall Herzchen malt und ihn mit Spickzetteln an seine Termine erinnert, deshalb mache ich mir gar keine Gedanken.

7 Sie sind mit Ihrer Freundin zum Mittagessen in einem Resta rant verabredet. Sie kommt mal wieder nicht pünktlich, und Sie h cken über eine halbe Stunde allein am Tisch. Wie reagieren Sie?

A Wir kennen uns schon so lange, und ich weiß aus Erfahrung, dass sie mich immer warten lässt, sie hat einfach keine Zeitplanung. So ist sie nun mal, de halb habe ich immer etwas zu lesen dabei.

C Ich bestelle mir etwas zu essen und gehe, wenn ich fertig bin. Dann rufe ich meine Freundin an und sage ihr klipp und klar, dass das unsere letzte Verabredung zum Essen war.

B Ich warte geduldig, bis sie kommt, und drohe ihr an, dass sie nun das Essen für uns beide bezahlen muss.

8 Sie fahren mit Ihrem Mann in den Urlaub. Sie sitzen am Steu und verfahren sich am Zielort mehrmals. Er murmelt etwas v »Frauen am Steuer« und »können keine Karten lesen«. Er gibt Ihn zu verstehen, dass er selbstverständlich alles besser machen würde.

C Ich halte das Auto an, mache ihm eine heftige Szene, steige aus und lasse ihn weiterfahren.

B Ich weise ihn darauf hin, dass er der Lotse ist und die Karte in der Hand häl er möge mir doch klarere Anweisungen geben.

A Ich nehme es mit Humor und gebe zu, dass ich wirklich nur eine leidliche Fahrerin bin und mein Orientierungssinn nicht so besonders ausgeprägt ist

.uswertung

Zählen Sie nun ab, wie oft Sie A, B oder C angekreuzt haben. Der am häufigsten angekreuzte Buchstabe markiert Ihren Typ. Sind alle Buchstaben fast gleich oft vertreten, haben Sie von jedem Typ etwas in sich.

'p A:

Sie haben es gern harmonisch und stehen nicht besonders auf Auseinandersetzungen. Selbst wenn Sie im Recht sind, machen Sie einen Bogen um ein Streitgespräch. Denn das stresst Sie unsäglich. Sie suchen immer und überall Übereinstimmung. Doch ein Gewitter reinigt ja bekanntlich auch die Luft. Wer immer alles herunterschluckt, steht ebenfalls über kurz oder lang unter Stress und läuft Gefahr, krank zu werden. Wenn Sie sich nicht ab und zu wehren, werden Sie von anderen gnadenlos ausgenützt. Im Beruf sagt man Ihnen vielleicht nach, Sie seien eine »Mitläuferin«. Es fällt Ihnen sehr schwer, »Nein« zu sagen. Dennoch müssen Sie irgendwie schauen, dass Sie Ihren eigenen Standpunkt vertreten lernen und zu Menschen, die Ihnen schädlich sind, Distanz schaffen.

'p B:

Sie versuchen, stets gelassen und sachlich zu bleiben. Sie haben ein ziemlich ausgeglichenes Temperament und lassen sich nicht so schnell aus der Ruhe bringen. Sie können gut im Team arbeiten und sind eine verlässliche Partnerin und Freundin. Meinungsverschiedenheiten sprechen Sie meist offen an, denn es ist Ihnen klar, dass solche Unstimmigkeiten irgendwie bewältigt werden müssen. Streben Sie auch weiterhin so besonnen und konstruktiv Lösungen an und schauen Sie darauf, dass sie nicht nur von kurzer Dauer, sondern langfristig angelegt sind.

'p C:

Sie machen aus Ihrem Herzen keine Mördergrube und explodieren sofort, wenn Ihnen etwas nicht passt. Dass Sie ausrasten, ist keine Besonderheit. Sie wollen sich keinesfalls von anderen vereinnahmen lassen. Die Gefahr, dass Sie ein willfähriges Opfer einer anderen Person werden, besteht nicht. Sie schüchtern andere eher ein oder buttern sie unter. Ihre Wutausbrüche sind gefürchtet und wenig hilfreich. Nicht selten stehen sie auch einer Klärung der Situation im Weg. Zudem lösen Sie damit oft unnötig Aggressionen bei anderen aus. Deshalb sollten Sie sich bemühen, mit etwas weniger »Gas zu fahren« und etwas mehr Milde an den Tag zu legen.

2. Erfolgsgeheimnis

Machen Sie das Beste aus Ihren Selbstblockaden und Verlustängsten

Fünf Minuten für die *Liebe*

Öffnen Sie Ihr Herz für mehr Selbstbewusstsein

Verändern Sie Ihre Einstellung zu sich, damit Sie gegen Schuldzuweisungen und Selbstblockaden gefeit sind. Machen Sie sich klar, dass vieles, was Ihnen im Wege steht, aus Ihrer Kindheit stammt. Eine negative Einstellung zu sich selbst bildet sich über Jahre hinweg aus vielen kleinen Mosaiksteinchen. Alles, was andere über Sie sagen, beeinflusst Sie in irgendeiner Weise. Das sind schöne Sachen, aus denen wir gute Gefühle ziehen, aber auch negative Dinge, die dazu führen können, dass Sie sich am Ende selbst schlecht machen. Fragen Sie sich, wenn Sie sich einmal wieder klein, hässlich und ungenügend finden: Warum fühle ich mich schlecht? Warum finde ich mich gerade nicht gut? Welche Gedanken haben dies ausgelöst? Warum bin ich so empfänglich für Schuldzuweisungen? Schreiben Sie den negativen Gedanken auf. Versuchen Sie nun, ihm ein positives Argument unter dem Motto »Ich mag mich!« entgegenzustellen. Das ist anfangs schwer, weil Sie sich daran gewöhnt haben, sich überkritisch zu betrachten oder sich gegenüber den Ansprüchen anderer Menschen hilflos zu sehen. Schreiben Sie beispielsweise statt »Ich habe dünne Haare.« als positives Argument »Ich habe dünne Haare, und die glänzen viel schöner als dicke.«

Schreiben Sie Ihre positiven Argumente auf Klebezettel und verteilen Sie sie in Ihrer Wohnung. Lesen Sie sie möglichst oft, so verstärken Sie ihre gute Wirkung.

»Entweder tust du, was ich will, oder ich mache einen Mordsterror!«

Bei aller Liebe – es gibt keine Beziehung, in der nicht Dinge in uns angesprochen und Reaktionen ausgelöst werden, die uns nicht immer bewusst sind. Sie sind uns zum Teil angeboren, zum Teil anerzogen, die Summe unserer genetischen Ausstattung und unserer bewussten und unbewussten, positiven und negativen Erfahrungen sowie dem, was unser Gehirn daraus macht. Auch gesellschaftliche Phänomene wie der Zeitgeist, Moral und Werte fließen in unsere Reaktionen ein. So können beispielsweise Vorwürfe, Schuldzuweisungen, emotionale Erpressung und Beschuldigungen in der Kommunikation zwischen zwei Menschen auf Dauer eine bedeutende Funktion bekommen. Schuldgefühle nehmen großen Einfluss auf uns, indem sie uns unter Druck setzen und uns klein halten.

Schauen wir uns einmal die emotionalen Erpresser etwas genauer an: Sie brauchen keine Waffen, denn sie haben ja unsere Schuldgefühle. Mit denen versuchen sie, uns unter Druck zu setzen, und haben recht oft richtig Erfolg damit. Vor allem Frauen sind prima Erpresser. Nicht selten gehören leider auch unsere eigenen Mütter dazu – insbesondere dann, wenn sie älter und starrsinniger werden. Auf der sanften Mitleidswelle – »Denk immer daran, was du mir alles zu verdanken hast, jetzt musst du es mir zurückzahlen!« – reiten sie durch unser Leben und marmorieren es hübsch mit Schuldgefühlen. Also richten wir uns nach Mutters unausgesprochenem Kommando, auch wenn wir selbst und unsere Familie dabei zu kurz kommen.

Emotionale Erpresser kommen bei beiden Geschlechtern und in unterschiedlichen Varianten vor, auch Mischtypen sind möglich. Sie lösen in uns Gefühle aus, die uns für ihre und nicht für unsere Interessen gefügig machen sollen. Wappnen Sie sich gegen diese Formen der ungerechtfertigten Schuldzuweisung:

Die Strategie des Opferlamms

Die Botschaft eines klassischen Opferlamms könnte lauten: »Deinetwegen habe ich auf meine Geburtstagsparty verzichtet, bin ich nicht mit XY ins Kino gegangen, habe ich bei eurer Familienfeier ausgeharrt. Also belohne mich jetzt dafür und tue, was ich will!«. Diese Art von Erpressung ist weit verbreitet und kommt auch in Beziehungen häufig vor. Das Opferlamm bringt seine Sprüche immer wieder dann vor, wenn es seinen Kopf durchsetzen will. Nehmen Sie ihm den »Wind aus den Segeln«, indem Sie es darauf hinweisen, dass es seine freie Entscheidung war und Sie nicht dafür verantwortlich sind. Fragen Sie das Opferlamm, warum es immer eine Gegenleistung erwartet. Machen Sie ihm klar, dass Sie für diese »Schuld-und-Sühne-Nummer« nicht zu haben sind. Ein Opferlamm, das dauernd abkassieren will, ist weder Opfer noch unschuldiges Lamm.

Die Strategie des scheinbar ausgenutzten Igels

Eine beliebte und verbreitete Erpressermethode ist das vorwurfsvolle »Lass mal, ich mach das schon!« bzw. »Du bist ja mal wieder nicht in die Gänge gekommen, da hab ich das schon selbst gemacht.« Die Botschaft in diesem »Hase-und-Igel-Spiel« lautet: »Immer bleibt die Arbeit an mir hängen!«. Der scheinbar ausgenutzte Igel hat immer alles schon erledigt, wenn Sie damit anfangen wollen. Der leise Vorwurf führt dazu, dass Sie sich schlecht fühlen, ständig zu langsam, zu chaotisch, zu unordentlich. Es wird Ihnen das Gefühl vermittelt, mehr zu nehmen als zu geben – einfach, weil Sie als »Hase« in diesem Spiel immer zu spät kommen. Dem scheinbar ausgenutzten Igel kommen Sie ebenfalls nur mit klaren Ansagen bei. Sagen Sie »Ich kümmere mich um … sobald ich Zeit habe, bis dahin wirst du dich gedulden«. Falls der Igel dies nicht abwarten kann, ist es sein Problem. Machen Sie ihm klar, dass sie seine Hilfe nicht wollen. Das befreit Sie von dem Gefühl, in quälender Abhängigkeit dem emotionalen Erpresser auch noch dankbar sein zu müssen.

Die Strategie des hinterhältigen Fallenstellers

Seine Botschaft lautet »Du solltest mir meine Wünsche von den Augen ablesen, wehe, du schaffst das nicht!«. Seine Erwartungen sind hoch und nicht selten unerfüllbar. Er beeilt sich, seine Enttäuschung rasch kundzutun, wenn Sie seine Wünsche nicht sofort erspüren. Dann schmollt er, weil Sie so unsensibel sind. Lassen Sie sich das nicht einreden. Sie sind keine Hellseherin und keine Kaffeesatz-Deuterin. Wer Wünsche nicht erfüllt, die nicht geäußert werden, ist weder kalt noch herzlos. Machen Sie dem hinterhältigen Fallensteller klar, dass Sie nicht das Spiel »Wünsch dir was« spielen. Wer etwas erwartet, soll dieses äußern. Dann können Sie auch äußern, ob Ihnen möglich ist, dieses zu erfüllen.

Die Strategie des ewig Ungeliebten

Dieser emotionale Erpresser fühlt sich ständig nicht genügend beachtet und geliebt. Er unterstellt stets, dass Sie ihn nicht wirklich lieben und dieses nur vorgeben, um ihn nicht zu kränken. Er versteht es, es immer so zu drehen, dass Sie tatsächlich an sich zu zweifeln beginnen. Sie sind angeklagt! Was auch immer Sie zu Ihrer Verteidigung vorbringen, seine Botschaft lautet »Das tust du doch nur, weil du ein schlechtes Gewissen hast, in Wirklichkeit willst du das gar nicht!« Versuchen Sie gar nicht erst, den Gegenbeweis anzutreten. Der ewig Ungeliebte hat ein Problem, das Sie nicht lösen können. Er muss lernen, seine Minderwertigkeitsgefühle nicht immer anderen ans Bein zu binden. Fragen Sie ihn, wie ein Liebesbeweis denn aussehen müsste, damit er Ihnen glaubt. Wahrscheinlich wird er darauf zunächst keine Antwort wissen. Doch mit diesem Problem muss er allein fertig werden.

Die Strategie des stillen Schmollers

Ihm reicht der vorwurfsvolle Blick, rollende Augen oder ein gequältes Seufzen, um Sie unter Druck zu setzen. Warum er oder sie schon wieder sauer ist, dürfen Sie selbst erraten. Sie sollen etwas gutmachen, was Sie wahrscheinlich gar nicht verbrochen haben. Sollte das dennoch der Fall sein, wird Sie der stille Schmoller nicht mit einem berechtigten Wutanfall konfrontieren, sondern nur mit leisem Vorwurf. Sie sollen sich entschuldigen für etwas, das gar nicht geäußert wurde. Typisch für den stillen Schmoller ist diese Situation: Sie fragen entnervt: »Hast du etwas?«, er rollt mit den Augen und antwortet schnippisch: »Nein, wieso?«, schmollt dann aber unbeirrt und still weiter. Entfernen Sie sich einfach aus dem Giftkreis dieser »beleidigten Leberwurst«. Entziehen Sie ihr das Publikum. Klare Ansage vor Ihrem Abtritt: »Wenn du weißt, was du mir vorzuwerfen hast, lass es mich wissen, dann reden wir darüber!«

Die Strategie des gemeinen Vergleichers

Dieser Erpresser verwendet den Vergleich mit anderen, um Sie gefügig zu machen. »Ich brauche bloß XY zu fragen, die würde alles für mich tun! Andere Frauen würden das für ihren Mann tun!« Die unausgesprochene Botschaft: »Du bist komisch, egoistisch, irgendwie nicht ganz normal, kannst ganz schön froh sein, dass ich trotzdem bei dir bleibe.« Folge: Sie fühlen sich wie ein Trampeltier und sind beschämt, weil ja offenbar irgendetwas mit Ihnen nicht stimmt. Natürlich könnten Sie sich dickfellig zeigen nach dem Motto: »Wenn es dir nicht passt, dann eben nicht!« Doch das ist in diesem Fall besonders schwierig. Denn diese emotionale Erpressung geht garantiert an Ihr Selbstwertgefühl. Einmal ganz davon abgesehen, ob andere Frauen oder wer auch immer, das tun würden, was von Ihnen erwartet bzw. verlangt wird. Fragen Sie den gemeinen Vergleicher lieber, womit Sie denn Ausgleich schaffen könnten, denn Sie wollen sich ja wahrscheinlich nicht unbedingt ändern. Beispiel: Wenn er möchte, dass Sie Strapse tragen, Ihnen das aber unangenehm ist, könnten Sie zum Ausgleich sein Lieblingskleid mit dem schönen Dekolleté öfter anziehen. Wenn er High Heels liebt, Sie aber nicht darauf gehen mögen, könnte er sich vielleicht stattdessen mit Ihrer knackengen Jeans anfreunden. Wenn er gern ins Theater geht, Sie mit Kino aber mehr anfangen können, wäre unter Umständen ein Konzert-Besuch eine passende Alternative. Damit können Sie seine Unterstellungen am ehesten ins Leere laufen lassen, ohne Dinge zu tun, die nicht Ihrem Wesen entsprechen.

Die Strategie des »weißen Elefanten«

Der »weiße Elefant«, der nichts vergisst, kramt immer wieder in Ihrem Sündenregister herum. Er erinnert sich haarklein an alle Situationen, in denen Sie sich seiner Meinung nach missliebig verhalten haben, er kann sich an jedes Ihrer Worte erinnern, das ihm nicht in den Kram passte oder mit dem Sie sich selbst widersprachen. Er erinnert Sie immer wieder daran, dass er Ihnen widerwillig verzeiht, aber nichts vergisst. Eigentlich sollte er Sie ja verlassen oder Ihnen die Freundschaft kündigen, aber … Machen Sie dem weißen Elefanten klar, dass Sie es gar nicht interessiert, was Sie annodunnemals gesagt oder getan haben, sondern dass hier und heute Olympia ist. Da Ihr Gedächtnis wahrscheinlich nicht so gut ist wie seines, werden Sie ja nicht einmal wissen, ob er die Wahrheit sagt oder sie zu seinen Gunsten auch schon mal verbiegt. Wenn Sie sich streiten, dann bitte keine Ausflüge in die Vergangenheit, keine Vergleiche mit vermeintlichen früheren Schandtaten und -worten, sondern eine sachliche Auseinandersetzung im Jetzt. Sie sitzen nicht automatisch immer auf der Anklagebank, nur weil der Elefant sich an irgendetwas erinnern kann.

Zum Teufel mit den Schuldgefühlen – hier und heute

Die emotionalen Erpresser docken an den Schuldgefühlen ihres Gegenübers an. Dafür ist fast jede Frau empfänglich. Diffuse Schuldgefühle, die nicht an konkrete Situationen oder »Verfehlungen« gekoppelt sind, sind eine Spezialität des weiblichen Geschlechts. Es sind Schuldgefühle, die weit über gewisse echte oder vermeintliche Unzulänglichkeiten im Leben der einzelnen Frau hinausgehen – so eine Art Kollektivschuld, in abertausend Jahren angesammelt, mit Zins und Zinseszins in uns verankert. Uns schuldig zu fühlen, beengt uns, macht ohnmächtig, drückt die Stimmung, beschneidet unsere Taten und hält uns in dem Glauben, niemals zu genügen, es nie recht machen zu können, den Erwartungen nicht zu entsprechen und trotzdem für alles verantwortlich zu sein. Schuld zu haben eben. Dass sich das zu einer echten Beziehungsblockade auswachsen kann, liegt auf der Hand.

Eine Frau tut in ihren engeren Beziehungen meist alles, was ihr möglich ist, und sehr oft auch mehr als das. Sie schaut mit ihrem inneren Auge stets zum Mann, zu den Kindern oder zu den anderen hin, fühlt sich für alles, was in der Beziehung und darüber hinaus nicht klappt – für undefinierbare Vergehen und kleine eigene Lebensäußerungen –, chronisch schuldig. Möglich, dass sich dieses urweibliche Schuldgefühl mit den kommenden Generationen abschleift. Sicher ist das aber nicht. Auch moderne Frauen plagen sich mit schlechtem Gewissen herum – etwa weil den Kindern, der Familie oder dem Partner durch ihre Berufstätigkeit oder ihre eigenen Interessen die Nestwärme fehlen könnte. Wo immer etwas schief läuft, fühlen sich Frauen verantwortlich. Selbst, wenn ihre Männer versagen, schwach und erfolglos sind oder weniger Geld verdienen. Gefühle der Schuld sind Frauen so vertraut wie Gefühle der Liebe. Vielleicht sogar vertrauter. Sie lasten wie Blei auf ihren Schultern und lassen sie nicht selten gegen ihren Willen Dinge tun, die sie gar nicht möchten. Schuldgefühle sind ein Hebel, mit dem die Frauen durchaus auch zu kontrollieren sind. Sie sind oft ihr ärgster Feind, weil sie die wahren Umstände verschleiern.

Denn hier treffen alte widerstandsfähige Rollenvorstellungen mit dem Wunsch nach einem neuen Lebenskonzept für Frauen (und Männer) aufeinander. Die traditionelle Rolle, die noch in uns allen wach ist, umschließt die Verantwortung für das Gelingen der Beziehung und das Glück von Partner, Freunden und Familie. Viele Frauen erlauben es sich selbst nicht, nach eigenem Ermessen zu entscheiden, was mit ihrem Leben passieren soll. Genährt wird diese Schuldfalle auch dadurch, dass viele Männer Frauen abschätzig behandeln. Und zwar völlig unabhängig davon, was Frauen im Leben erreicht haben, und davon, was Männer im Leben nicht erreicht haben.

So kommt es, dass viele Frauen lange und immer wieder bei anstehenden Entscheidungen an sich selbst zweifeln und sich ihrer nicht gewiss sind: »Soll oder soll ich nicht? Kann ich oder kann ich nicht? Darf ich oder darf ich nicht? Werde ich mich richtig entscheiden oder falsch? Bin ich zu egoistisch oder nicht?« Sie trauen ihren eigenen Gefühlen nicht – mehr noch: Sie wissen manchmal nicht einmal mehr, was sie überhaupt fühlen.

Es braucht oft lange, bis Frauen sich zugestehen, was sie brauchen, die Zeit, die Zuwendung, den eigenen Lebensraum oder Geld. So entsteht das Gefühl, zu kurz gekommen, erdrückt und eingesperrt zu sein. Frauen müssen lernen, sich nicht schuldig zu fühlen und über jedes Missverhältnis das »Mäntelchen der Harmonie« decken zu müssen. Machen Sie sich deshalb klar:

- Wenn Sie Schuldgefühle haben, ist niemandem geholfen – weder Ihnen noch den Menschen, die diese Gefühle in Ihnen auslösen.
- Schuldgefühle machen Sie erpressbar, und das kann überhaupt nicht in Ihrem Interesse sein.
- Schuldgefühle sind ein nutzloser Hemmschuh, der Ihnen auf dem Weg in Ihre Zukunft Zeit und Kraft raubt.

Nehmen Sie dem kleinen Mädchen in sich die Schuldgefühle

Schuldgefühle stammen aus der Kindheit, wo sie wie das Bestrafen oder Belohnen als Erziehungsmittel eingesetzt werden. Dabei werden Botschaften, an die Sie sich sicher noch erinnern, vermittelt, wie z.B.:

- Wenn du nicht tust, was wir wollen, geht es uns schlecht, und daran bist du schuld. Außerdem lehnen wir dich ab. Wir lieben dich nur, wenn du dich so verhältst, wie wir es wollen.
- Immer muss Mama so leiden, weil du so ein unartiges kleines Mädchen bist.
- Wenn du ein braves Mädchen sein willst, dann isst du deinen Teller leer. Sonst bist du nicht mehr Mamas Liebling.
- Ich habe mir so viel Mühe gemacht, dir ein Essen zu kochen. Und als Dank lässt du das Essen stehen? Du solltest dich schämen.
- So, wie du mich ständig ärgerst, bringst du mich noch ins Grab.
- Du bist ein schlechtes Kind, so etwas zu deiner Mutter zu sagen.
- Mama mag dich nicht, wenn du so unartig bist.
- Du bist schuld, dass es mir so schlecht geht. Du machst mich noch krank mit deinem Ungehorsam.

Dass solche Botschaften nicht spurlos an einem Kind vorüberrauschen, darüber sind wir uns sicherlich einig. Sie erreichen ein kleines Mädchen an seinen tiefsten, verwundbarsten Stellen, denn es ist emotional völlig abhängig von der Liebe seiner Eltern.

Kinder haben derartige Antennen für Liebesentzug, dass die Botschaft auch nonverbal ankommt, wenn Mama mit leidendem Gesicht herumläuft, die Stirn runzelt oder nicht mehr mit ihrem Liebling spricht. Kinder lernen ihre Lektion in Sachen Schuld und Scham sehr rasch. Sie heißt: Wenn ich ungehorsam bin und etwas Verbotenes tue, dann bin ich ein schlechtes Kind. Ich bin nicht liebenswert und muss mich dafür schämen. Da Kinder noch nicht dazu in der Lage sind, das Verhalten der Eltern in Frage zu stellen, gehen ihnen die ausgesprochenen oder unausgesprochenen Botschaften in Fleisch und Blut über. Sie lernen, sich selbst abzulehnen, wenn sie die Wünsche und Forderungen der »Großen« nicht erfüllen. Diese Sätze setzen sich so tief in uns fest, dass wir als Erwachsene unbewusst immer wieder auf ähnliche Botschaften anspringen.

Diese Art der »Erziehung« hat sich übrigens bis heute kaum geändert – selbst bei aufgeschlossenen Eltern nicht. Die alten Unterschiede in der Behandlung von Mädchen und Jungen lassen sich trotz bester Absichten immer noch feststellen, nur sind sie besser getarnt und schwerer erkennbar als früher. Kleine Mädchen lernen, auf andere zu achten und dafür zu sorgen, dass sie sich wohl fühlen. Sie entwickeln Antennen für Atmosphären und reagieren sensibel auf Stimmungen. Sie drücken sich vorsichtiger aus, damit sie bloß nicht egoistisch wirken und sich niemand von ihnen bedroht fühlt. Jungen sagen eher unumwunden, was sie wollen, und bleiben damit ein gutes Stück unverbindlicher. Das Ende vom Lied: In Konflikten oder Abgrenzungsprozessen haben wir Frauen die schlechteren Karten.

Von den Schuldgefühlen zu unterscheiden ist die Schuld, die ein Mensch auf sich laden kann. Schuldgefühle entstehen, wenn wir unsere Person als schlecht bewerten, weil wir etwas getan oder unterlassen haben, von dem wir glauben, es sei falsch. Schuld hingegen ist eine objektiv messbare Angelegenheit. Sie trifft einen Menschen, der Gebote, Pflichten, Regeln oder Gesetze verletzt hat. Schuld entsteht, wenn das eigene Handeln oder Verhalten einem anderen schadet.

Anders verhält es sich mit Reuegefühlen. Sie entstehen, wenn wir unsere Handlungen oder unser Verhalten als falsch bewerten und dieses bedauern, uns diesen Fehler aber verzeihen. Wir behalten also unsere Selbstachtung und unseren Wert als Menschen, denn unseren Fehler beziehen wir nur auf ein bestimmtes Verhalten in einer bestimmten Situation. Wenn wir etwas bereuen, fühlen wir uns verantwortlich für unser Verhalten und suchen automatisch nach Wegen, den Fehler wieder gutzumachen. Außerdem lernen wir aus unseren Fehlern und versuchen, sie in Zukunft zu vermeiden. Wir bleiben jederzeit in der Lage, aktiv zu sein und zu handeln. Bei Reuegefühlen bedauern wir lediglich unser Verhalten, stellen unseren Wert als Mensch jedoch nicht in Frage.

Frauen fühlen sich immer verantwortlich

Aus den weiblichen Schuldgefühlen resultiert ein umfassendes Verantwortungsgefühl für alles und jedes. Frauen lernen, sich für alle ihnen nahe stehenden Menschen verantwortlich zu fühlen. Sie glauben, die Erwartungen des Partners, der Eltern, der Schwiegereltern, der Nachbarn, der Lehrer ihrer Kinder, der Kollegen und vieler anderer Menschen erfüllen zu müssen. Hier einige Kernsätze, die Ihnen sicherlich bekannt vorkommen:

- Ich bin für die Harmonie in der Familie zuständig. Wenn meine Eltern sich schlecht fühlen, bin ich daran schuld.
- Ich muss hilfsbereit und bescheiden sein und meine eigenen Bedürfnisse zurückstellen.
- Ich muss für Harmonie in der Gruppe (Familie) sorgen.
- Für die Kinder und den Haushalt bin alleine ich zuständig. Wenn in der Familie etwas schief läuft, die Kinder schlechte Noten bekommen oder das Haushaltsgeld nicht reicht, bin ich schuld.
- Auch wenn ich Kinder habe, muss ich trotzdem einen anständigen Beruf lernen, um meinen Mann finanziell unterstützen zu können und unabhängig zu sein – falls es zur Trennung kommt.
- Die gute Frau denkt an sich selbst zuletzt.

Ab in die Mülltonne mit den Schuldgefühlen

Nach allem, was Sie bis hierher gelesen haben, dürfte Ihnen eines klar geworden sein: Sie brauchen keine Schuldgefühle. In Ihren Beziehungen haben sie schon gar nichts zu suchen. Sie sind einzig und allein das Resultat von Selbstverurteilungen, die beim Übertreten erlernter oder selbst aufgestellter moralischer Regeln, Gebote und Normen anspringen. Sie können sie ungestraft aus Ihrem Leben streichen. Und zwar sofort.

Jeder Mensch ist in der Lage, seine Schuldgefühle loszuwerden oder zumindest so einzudämmen, dass er ein befreites Leben führen kann. Stellen Sie sich das einmal vor: Sie leben, lieben, lachen völlig unbeschwert, Sie fühlen sich immer gut bei allem, was Sie tun – ohne dass Sie jemand mit Ihren Schuldgefühlen unter Druck setzen kann. Ist das nicht ein wunderbarer Gedanke?

Schieben Sie den Prozess des bewussten Verlernens an, indem Sie folgenden Satz immer wieder sagen: Ich bin als Mensch völlig in Ordnung, auch wenn ich immer wieder Fehler mache.

Sie können zu jedem Zeitpunkt entscheiden, Ihre Schuldgefühle aufzugeben, wann immer Sie nicht mehr unter ihnen leiden möchten.

Zur Unterstützung dieser Selbstreinigung nehmen Sie einfach einen Zettel und schreiben Sie eine Anti-Schuldgefühl-Parole auf. Zum Beispiel: Schuldgefühle bringen mir keinen einzigen Vorteil, aber viele Nachteile. Sie sind eines der größten Hindernisse auf dem Weg zu meiner Liebe, Leidenschaft und meinem Lebensglück. Sie haben keinerlei Nutzen oder Zweck. Sie dienen allenfalls

anderen Menschen, Macht über mich auszuüben. Sie machen nichts ungeschehen und helfen uns nicht, Fehler zu korrigieren oder zu vermeiden. Weg damit!
Diesen Zettel hängen Sie sich nun an eine Stelle in Ihrer Wohnung, an der Sie häufig vorbeikommen. Immer, wenn Sie sich dabei ertappen, dass Sie aus irgendeinem Grund ein schlechtes Gewissen haben, lesen Sie die Sätze wieder durch.

»Weduniwä« – dann wäre wahrscheinlich sogar das Wetter besser

»Wenn du nicht wärst …« so lautet einer der gängigsten Vorwürfe innerhalb von Partnerschaften. Das »Weduniwä«-Phänomen hat es ein Psychologe mal genannt. »Wenn du nicht wärst, dann ginge es mir besser, hätte ich mehr Geld, wäre alles anders, wäre ich glücklicher …«, wäre wahrscheinlich sogar das Wetter besser. Viele Menschen halten sich in ihren Beziehungen damit auf, sich gegenseitig mit Vorwürfen zu überhäufen. Oft sind diese Vorwürfe destruktiv und verletzend.
Der Paartherapeut Jürg Willi hat die Art der Vorwürfe einmal unter die Lupe genommen und diese Hauptvorwürfe ausfindig gemacht:

Frauen werfen Ihrem Mann vor:

Unabhängigkeit: »Du hast nie Zeit, du bist unnahbar, du strebst immer weg von mir, du lässt mich viel zu oft allein, du bist innerlich abwesend, du engagierst dich für deinen Fußballverein/deine Arbeit mehr als für mich, du bist zu lange im Büro, du tust nichts für unsere Beziehung, du beteiligst dich nicht am Haushalt und an der Erziehung der Kinder.«

Mangel an Anerkennung: »Du nimmst mich nicht für voll, nie hörst du mir zu, du bist unaufmerksam, du bist unverbindlich, du weichst mir aus, du nimmst keinen Anteil an meinem Leben, du interessierst dich nicht für meine Arbeit, du fühlst nicht mit mir.«

Abwehr von Gefühlen: »Du zeigst keine Gefühle, du sprichst nicht mit mir, du bist nur auf dich bezogen, du bleibst mir fern, du kannst dich nicht äußern, du willst immer nur Sex aber keine Zärtlichkeit.«

Hmh...

Männer werfen ihrer Frau vor:

Häuslichkeit: »Du kontrollierst mich, du willst mich an dich binden, du machst dich zu abhängig von mir, du entwickelst keine eigene Initiative, du machst nichts aus deinem Leben, du willst zu viel Nähe.« Ist die Frau berufstätig: »Du bist zu oft abwesend, du engagierst dich nur für deinen Beruf, du bist nicht mütterlich, du wendest dich dem Kind mehr zu als mir, du spendest mir zu wenig Liebe.«

Umerziehung: »Du belehrst mich andauernd, du bist rechthaberisch, kleinlich, pedantisch, du willst über mich bestimmen, mich gängeln, immer hast du etwas an mir auszusetzen, du nimmst mich nicht, wie ich bin,

Vieles ist andersherum
→ er gängelte bsp., wenn ich die Möhren falsch geschnitten habe u.a.

nie kann ich dir etwas recht machen, ständig nörgelst du, du bist krittelsüchtig.«

Gefühle: »Du bist zu gefühlvoll, zu impulsiv, zu unkontrolliert, zu erdrückend, du trampelst ständig ›in meinem Vorgarten‹ herum, du bist zu fordernd, zu unstrukturiert, du redest zu viel, du zeigst kein Interesse für meinen Beruf.«

Der Vorwurf des einen Geschlechts trifft zwar tatsächlich in vielen Fällen zu, jedoch nur im Lichte des Vorwurfs des anderen. Sie bedingen sich gewissermaßen gegenseitig. So vermitteln sich die beiden Partner diese Botschaft: »Ich sehe etwas an dir, was du nicht sehen kannst.« Willi: »Diese Blindheit für sich selbst rührt nicht nur daher, dass man sich selbst weniger wahrnimmt als den Partner, sondern auch daher, dass einem der Partner für jene Aspekte den Spiegel vorhält, die man nicht sehen kann oder will, die also verdrängt oder verleugnet werden. Der Partner kann über diese Aspekte nicht hinwegsehen, sondern muss den Finger unerbittlich auf diese Wunde legen, weil er sonst in seiner eigenen Entfaltung in der Beziehung betroffen ist.«
Das kann allerdings auch positiv sein. Wenn Sie nämlich in der Lage sind, sich mit den Vorwürfen auseinander zu setzen. Dann kann Ihr Partner quasi die Stimme dessen werden, was Sie verdrängen. Doch das ist selten der Fall, denn meist entwickelt es sich zum Machtspiel, in dem der Beschuldigte fürchtet, einen »Zacken aus seiner Krone« zu verlieren, wenn er zugibt, dass der andere Recht hat. Er würde damit quasi seine Unterlegenheit demonstrieren. Diese Position der vermeintlichen

Schwäche könnte der andere ausnutzen. Besonders dann stellen sich dem Beschuldigten die Nackenhaare hoch, wenn der andere auch noch sagt: »Ich will dir ja bloß helfen!«
Das wird als anmaßend empfunden. Der Beschuldigte fühlt sich durch die Erwartungen und Schuldzuweisungen erpresst und degradiert. Möglicherweise schaukeln sich die gegenseitigen Vorwürfe auch so hoch. Die Botschaft lautet dann meist: »Du sollst mich so nehmen, wie ich bin, aber ich liebe dich nicht so, wie du bist.« Du musst dich ändern, damit ich mich wohler fühle. Weduniwä … eben! Der Vorwurf dient dann auch dazu, sich hinter ihm zu verschanzen, um nicht zugeben zu müssen, dass man sich selbst nicht berauschend verhält. Jeder erwartet vom anderen die Veränderung, die er selbst nicht vollziehen will.
Vorwurfsvolle Partner bzw. Freunde konzentrieren sich nur darauf, was der andere ihnen antut. Sie sind der Ansicht, dass ihr Problem nur deshalb besteht, weil der andere alles falsch macht. Der Partner ist für sie derjenige, der den Konflikt verursacht, und damit schuld an allem. »Wir haben das Problem, weil du so bist, wie du bist!« Ein Vorwurf, der vor allem bei älteren Ehepaaren häufig zu vernehmen ist. Und Sie werden mir zustimmen, dass Frauen da nicht immer das bessere Bild abgeben.
Wie kann dieser Kreislauf nun durchbrochen werden? Männer sind oft gehandicapt, weil sie glauben, sie könnten es ihrer Frau ohnehin nicht recht machen. Sie glauben zudem, sich nicht verteidigen und auch ihre Bedürfnisse äußern zu dürfen. Frauen hingegen sind häufig der Meinung, sie erreichten nichts, wenn sie nicht gehörig Druck und negative Stimmung ausübten. Sie müssen lernen,

dass sich mit weniger Druck mehr tut. Zudem ist es wichtig, in solchen Konfliktsituationen nicht nur Gefühle wie Wut, Ärger und Frust herauszulassen, sondern auch unsere »weicheren« Gefühle wie Angst, Enttäuschung, Traurigkeit, Einsamkeit oder den Wunsch nach Zärtlichkeit und Geborgenheit. Diese Gefühle offenbaren unsere Verletzlichkeit, unsere Selbstzweifel, unsere Unsicherheit und die Trauer darüber, dass jeder letztlich nur allein in seiner Haut steckt. Zu groß ist unsere Angst, der andere könne dies ausnutzen und unsere Schwäche gegen uns verwenden. Und das umso mehr, je mehr »cool sein und bleiben« als Verhaltensweise angesagt ist.

Wenn Sie wollen, dass Ihr Partner Ihnen Gehör schenkt und mit Ihnen konstruktiv an Ihrer Beziehung arbeitet, verabschieden Sie sich von der Vorstellung, dass Ihre Beziehung in Ordnung kommt, wenn er sich ändert. Lernen Sie selbst, Ihren Botschaften keinen ehrverletzenden Ton zu verleihen. Vermeiden Sie es, die Überlegene zu spielen, sondern sprechen Sie von Ihrer persönlichen Betroffenheit. Nutzen Sie Vorwürfe nicht als Waffen und Machtmittel. Verwenden Sie Ich-Botschaften: »Es kränkt mich, dass …, es macht mich wütend …, ich wäre erleichtert, wenn …«.

Bitten Sie und äußern Sie Wünsche, aber verlangen Sie nichts, dazu haben Sie kein Recht, auch wenn das Verlangte vielleicht im beiderseitigen Interesse läge. Antworten Sie auf einen Vorwurf seinerseits nicht mit einem Vorwurf Ihrerseits. Erwarten Sie nichts Unmögliches von Ihrem Gegenüber. Unveränderliche Eigenschaften bleiben unveränderliche Eigenschaften. Wenn es Sie stört, dass Ihr Partner nur 1,60 misst oder einen kahlen Schädel bekommt, werden Sie wenig ausrichten können (diese Sicht der Dinge spräche ohnehin nicht für Sie ...). Versuchen Sie zu verstehen, was er Ihnen wirklich sagen will, fassen Sie vielleicht noch einmal zusammen, was Sie meinen, begriffen zu haben. Die Chance, dass Ihr Partner darauf eingeht, erhöht sich dadurch beträchtlich. Zeigen auch Sie ihre »weicheren Gefühle«. Dieses kann Ihnen eine tiefere Verbundenheit und Nähe bescheren. Und ganz wichtig: Auf Vorwürfe geht man nur ein, wenn man sich geliebt und akzeptiert fühlt. Darin liegt eine wesentliche Chance für das Gelingen Ihrer Beziehung.

Was sich liebt, das streitet sich

Eine lebendige Beziehung braucht ein gewisses Maß an Auseinandersetzungen. Denn ein konstruktiver Streit erhöht die Gemeinsamkeit und bereitet den Weg zu echter Intimität. Paare, die miteinander um Lösungen ringen, sind Paare, die meistens beieinander bleiben und es schaffen, sich zu vertrauen. Die normalen Streitpunkte sind dabei noch nicht einmal die ganz großen Themen des Zusammenlebens, sondern die vielen kleinen Alltäglichkeiten: die einigermaßen gerechte Verteilung der Hausarbeit, Geldsorgen, Unordentlichkeit, Kindererziehung, Schlafgewohnheiten – der berühmt-berüchtigte Zahnpastatuben-Streit ist der bekannteste aus der Reihe. Zum Streit in der Beziehung haben die meisten von uns ein zwiespältiges Verhältnis, denn wir glauben, ständige Freundlichkeit und grenzenlose Toleranz sei mit Harmonie gleichzusetzen. Gefühlsausbrüche und Auseinandersetzungen gelten als zerstörerisch, als Indiz für eine kaputte Beziehung. Doch unterdrückte Gefühle können wir zwar verdrängen, aber nicht abschaffen. Paare, die ihre Wut nie aussprechen und Tag für Tag Grollpunkte gegen den Partner sammeln, vergiften schleichend ihre Beziehung und bewegen sich nicht selten auf die »innere Kündigung« zu. Dann bricht das Traumpaar, das es nach außen war, manchmal jäh und ohne Umkehr auseinander.

Faire Streiter interessieren sich für die Sorgen und Einwände des Partners. Vorausgesetzt, sie wissen, wie man richtig streitet. In einer lebendigen Beziehung müssen die Spielregeln zwischen Frau und Mann immer wieder neu ausgehandelt werden. Dabei sollte es nicht um Machtkämpfe gehen, nicht wer sich gegen wen durchsetzt. Es gibt keinen Gewinner und keinen Verlierer, am Ende siegt das Paar. Fairer Streit ist ein Symbol für eine funktionierende Partnerschaft. Wir brauchen jedoch meist etliche Jahre, manchmal sogar zwei oder mehrere langjährige Partnerschaften, um das zu begreifen.

Dabei darf es auch ruhig einmal laut zugehen, dürfen Forderungen und Meinungen aufeinander prallen und unterschiedliche Standpunkte bewegt vorgetragen werden. Schließlich ärgert man sich ja auch manchmal ganz gewaltig über den anderen und möchte ihn am liebsten »an die Wand klatschen«. Auf der Verbotsliste erfahrener Streitforscher stehen hingegen gegenseitige Vernichtungsfeldzüge à la »Rosenkrieg«, Moralisieren, Manipulieren, Doppelbotschaften, Beleidigungen, Herabsetzen, Bevormunden, Herumkommandieren, Unter-Druck-setzen, Anschweigen oder Nicht-beachten. Männer bemühen sich meist mehr um Fairness beim Streiten. Wir Frauen haben mehr damit zu tun, uns um jeden Preis zur Wehr zu setzen. Das hat – wie wir schon gesehen haben – natürlich seinen historischen Grund, ist uns aber dennoch nur selten dienlich.

»Hätten Sie heut' Streit für mich?«

Übereinstimmend kamen mehrere Forscher auf dieses Geheimnis glücklicher Beziehungen:

- Beide Partner bleiben sich positiv zugewandt, auch wenn sie strittige Fragen diskutieren.
- Männer bügeln die Argumente ihrer Frauen nicht rigoros ab.
- Sie hören einander zu.
- Frauen äußern ihre Kritik nicht auf eine verletzende Weise, die bei Männern sofort Abwehr hervorruft.
- Frauen versuchen, ihre aufgebrachten Männer mit Humor zu besänftigen.
- Beide beenden den Streit mit dem Austausch positiver Gefühle.

Damit Sie nicht immer wieder in einem Streitkarussell landen und am Ende nichts bewegt haben, sollten Sie ein paar einfache, aber wirksame Streitregeln beachten – und Ihr Partner natürlich auch:

- Versuchen Sie, offen zu bleiben und Ihrem Partner zu beschreiben, was in Ihnen vorgeht.

- Sprechen Sie in »Ich-Botschaften«, damit vermeiden Sie Vorwürfe und Verletzungen. Sagen Sie »Ich bin sauer, weil …« und nicht »Immer machst du …«. Sie wollen doch, dass er nicht gleich »die Luke zumacht«.

- Wenn Sie sich ärgern, sprechen Sie möglichst konkret an, was Sie ärgert.

- Vermeiden Sie Verallgemeinerungen à la »Immer kommst du zu spät …«, »Noch nie hast du …«. Werden Sie möglichst nicht persönlich.

- Machen Sie keine Ausflüge in die Vergangenheit. Sie müssen Ihrem Partner nicht seine Verfehlungen der letzten hundert Jahre aufzählen.

- Konzentrieren Sie sich auf das, was Ihr Partner sagt, und versuchen Sie, es mit Ihren Worten zusammenzufassen. Sie stellen damit sicher, dass sie ihn auch richtig verstanden haben. Zeigen Sie Verständnis – auch wenn es Ihnen schwer fällt.

- Vertagen Sie den Streit nach der »Auszeit-Methode«, wenn Sie nicht weiterkommen. Verabreden Sie sich für den nächsten Tag, vereinbaren Sie eine Uhrzeit und: halten Sie sich auch daran!

- Eine der wichtigsten Regeln scheint zu sein, den Streit niemals mit ins Bett zu nehmen. Das sagen nicht Psychologen, sondern vor allem Paare aus langjährigen Beziehungen. So gab beispielsweise ein englisches Ehepaar, das am 1. Juni 2005 seinen 80-jährigen Hochzeitstag feierte, als Ehegeheimnis preis: »Wir gehen immer als Freunde ins Bett. Wir vertragen uns, bevor wir einschlafen, geben uns einen Kuss und drücken uns.« Dann schlafen sie Hand in Hand ein.

↳ Mir wurde dann nicht einmal gute Nacht gesagt

Schalten Sie nicht nur Ihr Hirn, sondern auch Ihr Herz ein

Lange Zeit galt es als vernünftig, sich nur nach den Erkenntnissen seines Verstandes zu verhalten. Gefühle sind die Gegenspieler der Vernunft und behindern diese, dachte man. Den gefühlvolleren Frauen wurde deshalb häufig auch der Vorwurf gemacht, sie seien nicht in der Lage, richtig zu diskutieren, zu verhandeln und zu entscheiden. Doch unsere Gefühle sind ein Teil unserer Vernunft. Sie helfen uns, Dinge zu erkennen und einzuordnen, denen wir mit dem Verstand allein nicht beikommen, weil er zum Beispiel Zwischentöne nicht registriert. Gefühle sind vernünftig! Sie zu ignorieren ist lebensgefährlich.
Jedes unserer Gefühle ist ein wichtiger Spiegel unserer Lebenssituation. Ein kluger Umgang mit Ihren eigenen Gefühlen wirkt sich auf Ihre Beziehung(en) mehr aus, als Sie wahrscheinlich glauben. Er garantiert Ihnen körperliche und seelische Gesundheit und bringt die Chance auf ein authentisch gelebtes Leben mit sich. Amerikanische Wissenschaftler haben herausgefunden, dass schon der Glaube daran, den eigenen Gefühlshaushalt klug managen zu können, sich positiv auf die körperliche Gesundheit auswirkt. Die negativen Folgen von Stress kommen so weniger zum Tragen.
Wie die Fachzeitschrift »Psychologie heute« berichtet, neigen Frauen mehr dazu, Ärger und Wut herunterzu-

schlucken, sich gewissermaßen selbst zum Schweigen zu bringen, was ihrer Gesundheit und ihren Beziehungen wenig dienlich ist. Dies macht viele Frauen depressiv. Sie müssen lernen, ihre Gefühle nicht herunterzuschlucken oder auf indirekte Weise auszudrücken. Wenn sie es schaffen, sie auszusprechen und sich anderen gefühlsmäßig zu öffnen, geht es ihnen bereits deutlich besser. Denn negative Gefühle versperren uns häufig den Blick für etwaige Lösungen unserer Probleme. Emotionale Intelligenz in der Beziehung bedeutet nun jedoch nicht, dass Sie Ihren Gefühlen freien Lauf lassen sollten, sondern dass Sie lernen, zu erkennen, wann dies für Sie beide gut ist und wann nicht. »Es geht darum, Zeitpunkt und Stil einer Konfrontation so zu wählen, dass für beide Seiten ein konstruktiver Umgang mit negativen Gefühlen möglich ist«, analysiert der Psychologe Heiko Ernst in »Psychologie heute«. Paare, die achtsam mit ihren Gefühlen und denen des Partners umgehen, haben die größeren Chancen auf eine erfüllte und glückliche Beziehung: »Sie wissen zu fast jedem Zeitpunkt, wie sich der andere gerade fühlt, und können angemessen darauf reagieren.«

Ein Beispiel: Ihr Mann zieht in Ihrem Beisein im Kreise von Freunden angeheitert über Ihre Art her, sich anzuziehen und kleine Pölsterchen zu kaschieren. Das kränkt Sie sehr, und Sie würden ihm am liebsten an Ort und Stelle den Kopf abreißen. Nun wissen Sie aber einerseits, dass Sie in Rage zu verletzenden Worten neigen, und andererseits, dass Ihr Mann gleich auf die Palme steigt, wenn Sie ihm so kommen – zumal noch vor Freunden. Was also tun? Versuchen Sie den Ärger zu zähmen, sonst lenken Sie die Aufmerksamkeit der anderen nur noch mehr auf Ihre vermeintlichen Schwächen – sei es nun das Bäuchlein oder das Hüftgold. Wenn Ihr Streit dann eskaliert, wird es erst richtig peinlich. Unterlassen Sie auch Retourkutschen, denn das bringt Ihnen ebenfalls Ärger ein und nützt Ihnen gar nichts. Lenken Sie das Interesse lieber geschickt auf ein anderes Thema und sprechen Sie mit Ihrem Mann zu Hause in Ruhe darüber, wie sehr Sie seine Bemerkungen gekränkt haben. So geben Sie ihm die Möglichkeit, sich zu entschuldigen und Besserung zu geloben. Und Sie sind Ihren Ärger trotzdem los.

Auch positive Emotionen wollen ans Tageslicht befördert werden. Wer Freude, Zuneigung, Zufriedenheit, Wohlbefinden bewusst mobilisieren kann, ist entspannter und offener für alles, was auf ihn einströmt. Wenn Sie sich gut fühlen, gehen Sie kreativer und flexibler mit Ihren Stärken und Schwächen, mit Menschen, Problemen und ihren möglichen Lösungen um. Teilen Sie Ihre positiven Gefühle mit Ihrem Partner, das stabilisiert Ihre Beziehung und bestätigt ihm, dass Ihnen an ihm liegt. Wenn Sie wissen, wie es um Ihre Gefühle und die Ihres Partners steht und Sie beide diese auch angemessen ausdrücken können, wird das Ihrer Streitkultur sehr förderlich sein, und manchen Streit können Sie auf diese Weise ganz vermeiden.

Lernen Sie Ihre Gefühle besser kennen

Das erfordert von Ihnen eine Menge Ehrlichkeit, denn Sie müssen in Ihr Innerstes eindringen und wahrscheinlich auch unangenehme Dinge ans Tageslicht befördern. Aber es lohnt sich, denn um Beziehungen und Liebe gestalten zu können, brauchen Sie ein realistisches Bild von sich selbst und Ihren Gefühlen. Fragen, die Ihnen dabei helfen können:

- Wer bin ich wirklich?
- Bin ich die geworden, die ich immer sein wollte?
- Was ist der Sinn, der Zweck meines Lebens?
- Was habe ich von meinen Lebensplänen verwirklicht?
- Was ist mir abhanden gekommen?
- Was will ich noch erreichen?
- Was will ich ändern?
- Was kann ich ändern?
- Worin soll mein künftiges Glück bestehen?
- Wovon will ich mich befreien?
- Warum sollte ich mich noch verbiegen?
- Welche meiner Träume blieben ungelebt?
- Welche lassen sich auch jetzt noch verwirklichen?
- Welcher Pflichten kann und will ich mich entledigen?
- Inwiefern bin ich durch die Erwartungen anderer Menschen an mich beeinflusst?
- Welche Menschen tun mir gut, von welchen möchte ich mich entfernen?

- Was bliebe von mir übrig, wenn mein Leben heute endete?
- Welche Seiten von mir sind bislang zu kurz gekommen?

Viele Menschen haben Angst davor, Gefühle zuzulassen und zu zeigen. Denn das eigene Herz zu öffnen, ist nicht »cool«, davon sprachen wir ja schon. Und cool sein, das ist nach meinem Empfinden eine der schlimmsten Krankheiten unserer Tage. Kälte, Abstand und Unbeteiligtsein als Lebensprinzip. Nur wenn Sie die Angst vor Gefühlen abbauen, werden Sie mit ihnen angemessen umgehen und sich in emotional aufgeladenen Situationen einigermaßen klug verhalten können. Überlegen Sie einmal, was Ihnen passieren kann, wenn Sie Gefühle zeigen? Richtig, dass Sie von dummen Menschen dumm eingeschätzt werden. Na und? Ist das Ihr Problem? Ihre Gefühle gehören zu Ihnen und machen Sie zu dem wertvollen Menschen, der Sie sind. Erforschen Sie Ihre Gefühle immer wieder. Fragen Sie sich in jeder brenzligen Situation und auch sonst: Wie fühle ich mich? Was genau hat meine Gefühle ausgelöst? Was bedeuten diese Gefühle für mich? Wie gehe ich mit Ihnen um? Wie werde ich mich fühlen, wenn ich dies oder das mache, wie, wenn ich es sein lasse? Stellen Sie auch Ihrem Partner immer wieder mal diese Fragen. Wie geht es ihm, wie fühlt er sich und was können Sie beide tun, falls er sich nicht gut fühlt. Lassen Sie ihm die Fürsorge angedeihen, die Sie von ihm für sich erwarten.

Wie gut können Sie sich auf Ihre innere Stimme verlassen?

1 *Wenn wir im Kollegen- oder Freundeskreis etwas Heikles disk tieren und ich anderer Meinung bin, dann …*

A halte ich mit meiner Meinung lieber hinter dem Berg.

B mache ich eine ganz klare Ansage.

2 *Im Arbeitsleben und in meinen Beziehungen habe ich es gerne, .*

A wenn man mir klipp und klar sagt, was ich tun soll.

B wenn ich nur das Nötigste gesagt bekomme und den Rest selbst entscheiden kann.

3 *Frauen haben ja mehrere Jobs gleichzeitig, sagt man. Wenn i mehrere Aufgaben zu erledigen habe, …*

B fange ich auf allen Baustellen auf einmal an.

A mache ich alles immer schön der Reihe nach.

4 *Sie betreuen ein interessantes Arbeitsprojekt, bei dem Sie es n wichtigen Experten zu tun haben. Wenn Sie anderer Ansicht sind diese, …*

B dann will ich meine Ansicht auch durchsetzen.

A dann überlasse ich den Autoritäten das Feld.

5 *Wenn sich dadurch die Dinge verkomplizieren, …*

B dann werde ich erst richtig munter.

A dann ist mir doch etwas mulmig zumute.

6 *Taucht bei dem Projekt ein Problem auf, …*

B dann wechsle ich meine Strategie.

A mache ich einfach weiter.

7 *Sie wollen Ihren Garten umgestalten. Wie gehen Sie vor?*

A Ich lege mir zuerst einmal einen Plan zurecht.

B Ich stürze mich sofort in die Arbeit und fange einfach an.

8 *Das Leben ist ein ständiges Auf und Ab, immer wieder verändert ch etwas. Meistens …*

A machen mich Veränderungen unsicher und nervös.

B empfinde ich Veränderungen als eine gute Gelegenheit, etwas Neues zu lernen.

9 *Sie bekommen wieder einmal ein neues Arbeitsfeld zugewiesen, it dem Sie gar nicht vertraut sind. Dann …*

A eigne ich mir zunächst einmal die theoretischen Grundlagen an, bevor ich mit der eigentlichen Arbeit beginne.

B fange ich gleich mit der praktischen Arbeit an und lerne die theoretischen Grundlagen nach dem Prinzip »learning by doing«.

10 *In Ihrem Freundeskreis sind Sie bekannt als Mensch, …*

B der vor Ideen sprudelt.

A der gut ins Detail gehen kann.

11 *Wenn Ihnen Ihr Bauch etwas sagt, …*

A dann schalte ich meinen Verstand ein.

B verlasse ich mich auch drauf.

12 *Sie haben einen Urlaub geplant, auf den Sie sich sehr freuen. och Sie müssen plötzlich absagen, weil etwas dazwischen gekom-en ist. Dann …*

A bin ich ziemlich sauer.

B setze ich mich erst einmal hin und manche mir in aller Ruhe einen neuen Plan.

13 Welche Feststellung trifft am ehesten auf Sie zu?

B Ich kann oft nicht genau sagen, warum ich etwas weiß oder im Gespür habe.

A Ich weiß immer sehr genau, warum und woher ich etwas weiß.

14 Wenn Ihr Bauchgefühl nicht mit den Tatsachen übereinstimmt, dann …

B vertraue ich meinem Gefühl.

A versuche ich, der Sache erst einmal mit Logik beizukommen.

15 Was sagen Ihre Freunde über Sie?

A Dass ich eher jemand bin, der gern auf Nummer sicher geht.

B Dass ich vor Abenteuern und Risiken nicht zurückscheue.

16 Ihre neue Arbeitskollegin scheint ziemlich unberechenbar zu sein. Wie empfinden Sie das?

A Unberechenbare Menschen finde ich eher ärgerlich.

B Es macht nichts, wenn sie interessant ist.

Auswertung

Zählen Sie jeweils zusammen, wie oft Sie A und wie oft Sie B angekreuzt haben. Der Buchstabe, der überwiegt, verkörpert Ihren Typ.

Typ A:

Sie haben es gern übersichtlich und neigen dazu, sich auf Ihren Verstand zu verlassen. Zwar wechseln Sie gelegentlich Ihre Art, mit Problemen umzugehen, doch sind Ihnen Logik und rationale Analyse näher. Ihrem Bauchgefühl trauen Sie nicht über den Weg, was manchmal zu Fehlentscheidungen führt. Haben Sie früher schlechte Erfahrungen mit Ihrer inneren Stimme gemacht, als sie Ihnen zu etwas Falschem zu raten schien? Haben Sie vielleicht spontan einem Menschen vertraut, der Sie dann in irgendeiner Weise enttäuscht, betrogen oder hintergangen hat, der Ihr Vertrauen missbraucht hat? Empfinden Sie Ihre Gefühle als sprunghaft und unberechenbar? Macht Ihre innere Stimme Ihnen Angst? Intuition ist die stärkste Waffe gegen sture Rationalität und kalte Logik. Wenn Sie auch einmal etwas Ihrem Bauchgefühl überlassen, bedeutet das letztlich weniger Anstrengung für Sie, weil Sie Ihr ganzes Spektrum ausnutzen. Dieses »hauseigene« Reservoir steckt auch in Ihnen, denn es ist keinesfalls die Gabe einiger weniger Auserwählter. Ihre Intuition nimmt Informationen und Eindrücke wahr, die Ihrem Verstand entgehen. Sie hilft Ihnen, nicht am Gewohnten haften zu bleiben, sondern auch einmal um die Ecke zu denken. Ihr Gehirn verknüpft die beiden Ebenen. Auch am Anfang großer Erfindungen stand meist eine zündende Eingebung, die dann vom Verstand in logische Bahnen gelenkt wurde.

p B:

Sie packen Probleme spontan an und entscheiden vieles aus dem Bauch heraus. Damit liegen Sie wahrscheinlich meist richtig, denn Ihre innere Stimme ist gut in Übung, und Sie neigen auch dazu, ihr zuzuhören. Sie ist Ihr Kompass, der Sie durch das Leben lotst. Aber Achtung: Kein Mensch sollte aus lauter Begeisterung für den »richtigen Riecher«, den »sechsten Sinn« oder das »richtige Händchen« gleich jeder Eingebung folgen und den Verstand außer Kraft setzen. Nur weil Sie beispielsweise »so ein komisches Gefühl« haben, sollten Sie nicht gleich Ihren Job kündigen oder Ihre Beziehung aufgeben. Es ist auch möglich, dass Sie Ihre innere Stimme mit Ihrem Wunschdenken verwechseln oder sich von den Projektionen anderer Menschen beeinflussen lassen. Ihre innere Stimme ist immer nur so gut, wie sie unterstützt wird von Verstand, Wissen, Erfahrung, Analyse und Deutung.

3. Erfolgsgeheimnis

Machen Sie das Beste aus Projektionen und Illusionen

Fünf Minuten für die *Liebe*

Öffnen Sie Ihr Herz für die richtigen Bilder

Sie fühlen sich häufig für die negativen Gefühlszustände Ihres Partners, Ihrer besten Freundin oder Kollegin verantwortlich? Wenn es Ihnen schlecht geht, suchen Sie den Grund bei sich? Überlegen Sie sich, was Sie wohl falsch gemacht haben? Was glauben Sie, was die anderen in Ihnen sehen? Stimmen diese Bilder mit Ihrem Selbstbild überein? Fühlen Sie sich von anderen manchmal erpresst? Sagen Sie zu allem, was Ihr Partner will, Ja und Amen? Dann werden Sie immer zu kurz kommen, Sie werden nie die Liebe zurückerhalten, die Sie geben!

Geben Sie nicht den anderen die Schuld dafür, dass Sie in Ihnen sehen, was Sie nicht sind. Überlegen Sie lieber, welche Ihrer Verhaltensweisen oder Charakterzüge andere dazu herausfordern könnten, Sie auszunutzen oder für ihre Zwecke zu missbrauchen. Wo sind die Knackpunkte, an denen Sie selbst etwas ändern können? Erlauben Sie sich, sich abzugrenzen und eine eigenständige Person zu sein, die nicht dem Bild entsprechen muss, das andere in Sie hineinprojizieren. Andere haben eine andere Geschichte und andere Gründe für ihr Verhalten. Das ist nicht Ihre Geschichte. Wenn Sie etwas ändern wollen oder müssen, tun Sie es nicht für andere, tun Sie es für sich!

»Spieglein, Spieglein an der Wand«, welcher ist der beste Rat im ganzen Land?

Wenn Sie einmal in einer brenzligen Situation einen guten Rat brauchen, dann fragen Sie am besten ... bloß nicht Ihre Freundin. Lesen Sie lieber dieses Buch! Warum? Weil Menschen uns als Projektionsfläche für ihre eigenen Verkorkstheiten und Ungereimtheiten missbrauchen können. Was bei uns dann als guter Rat ankommt, richtet sich nicht an unserem Problem und unserer Person aus, sondern an den inneren Wünschen, Sehnsüchten, Ängsten und Erfahrungen unseres Gegenübers. Doch wir nehmen es für bare Münze und halten dies für einen objektiven Ratschlag.
So können Sie sich Folgendes vorstellen: Sie haben sich nach langem verzweifeltem Grübeln entschlossen, sich scheiden zu lassen, weil Sie keine Zukunft mehr für Ihre Ehe sehen. Zudem haben Sie herausbekommen, dass es in all den gemeinsamen Jahren keine Phase gegeben hat, in der Ihr Mann Sie nicht betrogen hat. Nun informieren Sie peu à peu Ihre Freundinnen. Sie werden staunen, welch unterschiedliche Reaktionen Sie auslösen. Da ist zum Beispiel Freundin Gisela, die sagt: »Deinen Mann konnte ich noch nie leiden!«. Sie hat sich aber vorher immer angeblich gut mit ihm verstanden. Was Sie nicht wissen, weil es hinter Ihrem Rücken passiert ist: Gisela war einmal verliebt in Ihren Mann, und der hat sie abblitzen lassen. Nun ist für sie endlich der Moment der Rache gekommen. Oder Freundin Anne, die klagt: »Du kannst ihn doch nicht verlassen. Du musst bei ihm bleiben. Der kann doch gar nicht ohne dich leben!«. Warum eigentlich? Weil Anne Angst

hat, von ihrem latent homosexuellen Mann verlassen zu werden, klammert sie sich an die Idee, dass man unter allen Umständen zusammenbleiben muss. Ihre Mutter findet auch, dass Sie sich von Ihrem Mann nicht trennen sollen, obwohl sie weiß, was für ein »Filou« er ist und wie schlecht er Sie manchmal behandelt. Der »Filou« ist aber auch Geschäftsführer der örtlichen Bank, und Ihre Mutter hat ein großes Geltungsbedürfnis.

Ein anderes Beispiel: Sie haben sich auf eine neue Stelle in einer anderen Stadt beworben und sie bekommen. Der unterzeichnete Vertrag ist gerade bei Ihnen eingetroffen. Sie sind aufgeregt und freuen sich »wie Bolle«. Logische Folge: Sie rufen Ihre Freundin Gabi an und erzählen ihr alles. Doch die will sich gar nicht mit Ihnen freuen: »Also, ich wär da vorsichtig! Wenn du dich da mal nicht übernimmst!«. Was ist denn mit der los?, fragen Sie sich beklommen. Gabi möchte nicht, dass Sie wegziehen und sie allein lassen. Außerdem ist sie auch etwas neidisch, weil sie selbst gern einen tollen neuen Job hätte – zumal in einer Großstadt. Nun regen sich auch Selbstzweifel in ihr: »Warum kriege ich so ein Angebot nicht?«. Da ihr dies selbst nicht bewusst ist, kann sie es Ihnen nicht sagen und reagiert auf Ihre Freude so »verwaschen«.

Natürlich ergeht es uns allen ähnlich. Kein Mensch ist davor gefeit, einen anderen Menschen als Projektionsfläche zu verwenden. Nur selten gelingt es uns, wirklich sachlich und analytisch zu sein und zu einer rational vernünftigen Entscheidung zu raten. Das, was wir in anderen Menschen sehen, entspricht nicht der Wirklichkeit. Das, was wir glauben, in ihm zu sehen, ist bereits gefärbt durch unsere Erfahrungen und Bewertungen unseres Gehirns. Aufgrund unserer Vorerfahrungen mit anderen Menschen sehen wir in ihm, was wir sehen wollen bzw., was wir sehen müssen. Das ist nicht weiter schlimm, negativ ist nicht das Bild, das Sie sich von anderen Menschen machen, negativ ist es, wenn Sie ihn oder sie auf dieses Bild festnageln wollen. Oder wenn sich in diesen Projektionen Vorwürfe manifestieren: »Du hast mich verletzt!«, »Du hast mich enttäuscht!«, »Du machst mich krank!«, »Du machst mich unglücklich!«. Viele Menschen sehen sich als Opfer und machen andere dafür verantwortlich, dass sie sich schlecht fühlen. »Hätte ich die und den bloß nicht getroffen, hätte ich der XY keine Freundschaft geschworen, mit dem XY keine Beziehung angefangen, dann ginge es mir besser!«.

Besonders, wenn es sich um unangenehme Situationen handelt, neigen wir dazu, anderen die Schuld zu geben, weil wir selbst die Verantwortung nicht übernehmen wollen. Doch wir selbst sind die Ursache unserer Erfahrungen. Wir selbst sind es, die Beziehungen eingehen, weil sie gerade passend sind – egal ob wir sie positiv oder negativ empfinden. Es ist immer der richtige Mensch, der uns begegnet und uns einen Spiegel vorhält. Ob es sich um Ihren Partner, Ihre Kollegin, Ihre Freundin oder Feindin handelt: Sie haben sich diesen Menschen ausgesucht, damit er Ihnen zeigt, was Ihnen fehlt und wo Sie sich weiterentwickeln können.

Unsere Welt spiegelt unser ganzes Sein wider

Wenn Sie jemanden wunderbar finden, seine Eigenarten und seinen Charakter bewundern, dann ist auch dies ein Spiegel Ihres Seins. Sie tragen alles in sich. Unsere inneren Bilder von uns selbst steuern unser Verhalten. Unser Gegenüber ist ein Spiegel für uns, eine Art Leinwand für den Spielfilm unseres Denkens. Das, was wir beispielsweise an anderen kritisieren, zeigt uns oft nur auf, was wir an uns selbst nicht akzeptieren. Wir projizieren unsere eigenen Probleme, Sehnsüchte und Wünsche auf andere und schützen uns damit davor, unsere eigenen Schwachstellen aufzudecken und zu spüren. So machen Sie vielleicht Ihren Chef dafür verantwortlich, dass Sie beruflich nicht weiterkommen, geben Ihrem Partner die Schuld dafür, dass Sie nicht tun können, was Sie wirklich wollen und unzufrieden mit Ihrem Leben sind, oder Sie werfen Ihrer Freundin vor, dass sie Ihnen zu wenig Zeit widmet, seit sie den neuen Lover hat.

Wenn Sie eine Person verurteilen, fällen Sie also in gewisser Weise auch ein Urteil über sich selbst. Wenn es jemanden in Ihrem Leben gibt, den Sie verändern wollen, kann Ihnen diese Person helfen, Ihre eigenen Problemthemen zu finden. Wenn Sie jemanden auf Anhieb nicht leiden können oder gar unausstehlich finden, sollten Sie davon ausgehen, dass diese Person eine Eigenschaft von Ihnen spiegelt, die Sie an sich selbst nicht mögen. Je heftiger und emotionaler Sie Ihr Gegenüber kritisieren, desto größer kann das Problem sein, das Sie selbst mit diesem Thema haben.

Jede Bewertung ist ein Zeichen dafür, dass Sie sich selbst noch nicht angenommen haben. Widerstand, Kritik, Ablehnung, Hassgefühle richten Sie immer auch gegen sich selbst. Jedes »Das will ich auch haben« zeigt, dass es Bereiche gibt, in denen Sie sich selbst nicht anerkennen. Jedes Miteinander hilft uns also zu erkennen, wo wir uns noch nicht »ganz« fühlen.

»Du musst dich ändern, damit es mir besser geht!«

Die meisten von uns glauben, dass sie glücklicher wären, wenn ihre Mitmenschen sich endlich ändern würden. Die Mutter, der Vater, der Geliebte, die Freundin, der Chef, die Nachbarn, – wenn sie nur endlich einsehen würden, dass sie etwas anders machen müssen. Aber so geht es leider nicht. Wir haben weder das Recht, von einem anderen Menschen zu verlangen, dass er sich ändert, noch würde es uns je gelingen. Möchten Sie im Leben eine Veränderung, müssen Sie sie bei sich selbst herbeiführen. Es ist ganz bestimmt mühsam, sich selbst zu ändern, aber leider ist es der einzige Weg, überhaupt etwas zu bewegen.

Wenn Sie wollen, dass sich Ihr Partner oder eine andere Bezugsperson ändert, müssen Sie sich zuerst die Frage stellen: Warum haben Sie diesen Menschen ausgewählt, Ihr Partner oder Ihre Freundin zu sein? Was ist der tiefere Sinn Ihrer Beziehung? Wir irren uns selten, wenn wir uns einem Menschen zuwenden. Wir wählen genau die Menschen, die uns mit unseren Lebensthemen konfrontieren. Erkenne ich, dass das, was mich an meinem

Gegenüber stört, mit meinen eigenen Gedanken, Vorstellungen und unerledigten Themen zu tun hat, erwarte ich keine Veränderung mehr.
Wenn wir willens sind, unser eigenes Verhalten einmal zu beleuchten und dann die notwendigen Kurskorrekturen vornehmen, stellen wir manchmal völlig überrascht fest, dass die Menschen, die wir bis dahin als schwierig empfunden haben, auf einmal in einem ganz anderen Licht erscheinen. Wir glauben, sie hätten sich geändert. In Wirklichkeit aber ist in uns selbst etwas Entscheidendes vorgegangen: Wir haben größere Klarheit erlangt und gehen anders mit den Menschen um.

Grundsätze behindern Ihr Fortkommen

Es belasten uns also nicht nur die Probleme der anderen, es sind unsere eigenen Gedanken, Vorstellungen und Muster, die uns blockieren. Wir bremsen uns mit unseren eigenen Überzeugungen aus. Festgefahrene Grundsätze behindern unser Fortkommen. Dazu gehören Sätze wie: »Das tut man nicht!«, »Das können Frauen nicht!« oder »Was sagen dann die Leute?«. Viele dieser Sätze begleiten uns schon lange. Es sind die Prägungen unserer frühen Kindheit durch die Eltern und die Umwelt. Ohne uns dessen bewusst zu sein, verbreiten wir sie weiter. Aus diesen Gedanken entstehen unsere Verhaltensweisen und Reaktionen. Sie verfestigen sich im Laufe der Jahre und bestimmen, was wir in uns selbst und in anderen Menschen sehen.

Wir müssen immer wieder überprüfen, inwieweit wir andere Menschen als Projektionsfläche unserer eigenen Wünsche und Vorstellungen verwenden, missbrauchen oder verklären.

Sie haben es in der Hand, diese Muster aufzulösen und neue zu entwickeln. Beobachten Sie sich und Ihre ganz persönlichen »Strickmuster«. Wenn Sie Ihre Projektionen, Ihre überholten Denk- und Verhaltensmuster loswerden wollen, haben Sie ein gutes Stück Arbeit vor sich. Lassen Sie Ihre alten Bilder hinter sich und setzen Sie sich neue Ziele. Zugegeben, das ist nicht ganz leicht. Aber es ist machbar.

Machen Sie sich klar, welche Grundsätze und Wertvorstellungen Sie haben, und bauen Sie bewusst neue auf. Forschen Sie nach Ihren Träumen und Visionen. Untersuchungen haben ergeben, dass Frauen, die ihre Visionen pflegen, körperlich und seelisch stabiler sind als Frauen, die dazu neigen, ohne Ziel durch das Leben zu irren, sich zurückzunehmen und nur zu reagieren. Wie sieht Ihr persönlicher Traum aus? Was hindert Sie daran, Ihr Leben selbstverantwortlich zu steuern?

Auch klammern wir uns an einmal gefasste Ziele, Projektionen und Projekte. Denn sich davon zu trennen, heißt, Vertrautes loszulassen und sich in Unvertrautes hineinzuwagen. Das ist meist mit Angst, Unsicherheit und dem Gefühl von Verlassenheit verbunden. Um diese quälenden Gefühle zu vermeiden, machen viele lieber weiter wie bisher. Die Angst, wir könnten es bitter bereuen, wenn wir uns von einer Überzeugung trennen, lässt uns passiv bleiben. Bloß nicht »vom Regen in die Traufe« kommen! Wer nichts ändert, kann auch nichts falsch machen? Falsch: Verpasste Chancen belasten unsere Psyche viel mehr als falsche Entscheidungen.

Die bekannte New-Age-Psychologin Phyllis Crystal beschreibt eine eindrucksvolle Methode, sich von »inneren Verklebungen« zu lösen. Stellen Sie sich eine Acht vor. Setzen Sie sich im Geiste selbst in den einen Kreis. Das, wovon Sie sich lösen wollen, kommt in den anderen Kreis. Das kann eine Person sein, die übersteigerte Sehnsucht nach Anerkennung hat, etwas Materielles, aber auch alte Überzeugungen, falsche Bilder, schlechte Angewohnheiten. Nun stellen Sie sich vor, wie Sie mit diesen Dingen »vertäut« sind – zum Beispiel mit Schnüren, Ketten oder Draht. Durchtrennen Sie diese Verbindung in Gedanken.

Der Gedanke ist die Mutter des Gedankens

Nichts im Leben geschieht, ohne dass es zuerst gedacht wurde. Die Gedanken haben Macht über unser Handeln, sie bestimmen unser Verhalten. Deshalb ist es wichtig, die richtigen Gedanken und Vorstellungen zu haben. Sie sind, was Sie denken. Wenn Sie Ihr Denken nicht beherrschen, überlassen Sie es dem Zufall. Wer ziel- und gedankenlos vor sich hin lebt, darf sich nicht wundern, wenn sich negative Situationen häufen und negative Gedanken und Vorstellungen nach sich ziehen. Sie beherrschen Ihre Gedanken. Sie entscheiden, was Sie denken. Nehmen Sie sich jeden Tag zehn Minuten Zeit für Ihre Gedanken. Legen Sie eine Liste an, auf der Sie Ihre Gedanken notieren:

- Worüber habe ich heute nachgedacht?
- Waren meine Gedanken positiv oder negativ?
- Habe ich mich geärgert? Habe ich mich gefreut?
- Welchen Situationen konnte ich Positives abgewinnen?
- Haben sich meine Gedanken realisiert?
- Habe ich Probleme gelöst?
- Haben meine Gedanken die Atmosphäre positiv beeinflusst?
- Begann der Tag mit positiven Gedanken?
- Mit welchen endet er?

Unsere Gedanken schaffen unsere Realität. Wir bekommen also genau das, was wir vom Leben erwarten: Das Glück oder das Pech, den Erfolg oder die Niederlage, den Traumberuf oder den Frustjob. Wer davon überzeugt ist, dass alle Menschen nur darauf aus sind, uns zu betrügen, zu bestehlen oder übers Ohr zu hauen, wird diese Erfahrung machen. Wer fest daran glaubt, eine Aufgabe meistern zu können, dem wird sie – höchstwahrscheinlich – gelingen. Das gleiche gilt für unsere Selbsteinschätzung. Wir sind das, was wir von uns halten. Und genau so nehmen uns die anderen wahr. Sie halten sich für naiv und gutmütig? Dann wundern Sie sich nicht, wenn Sie etwas belächelt und fortwährend ausgenutzt werden. Sie fühlen sich verwirrt und ohne Orientierung? Dann schauen Sie sich in Ihrer Umgebung um: Irgendwo wird sich Ihr inneres Chaos, Ihre Orientierungslosigkeit widerspiegeln.

Grundsätze sind Ideen, Gedanken und Überzeugungen, die wir als Wahrheit akzeptieren. Alles, was wir über uns selbst und über die Welt um uns herum denken, wird für uns wahr. So gesehen sind wir alle für die Erfahrungen, die wir im Leben machen, selbst verantwortlich. Unsere Gedanken sind nicht nur das Ergebnis unserer Erfahrungen, auch umgekehrt wird ein Schuh daraus: Erfahrungen sind immer auch das Produkt unserer Gedanken.

Ob die Aufgabe, die gerade vor Ihnen liegt, ein Problem oder eine Herausforderung ist – das bestimmen Sie ganz alleine – und zwar durch die Grundsätze, die Sie aus Ihrer Vergangenheit mitbringen oder für die Sie sich entschieden haben. Sie können Ihre Welt erweitern oder einengen. Jeder Tag kann eine aufregende, bereichernde Erfahrung sein oder eine hoffnungslose, sorgenvolle und schmerzliche. Zwei Menschen, die in der gleichen Welt und unter ganz ähnlichen Bedingungen leben, können das Leben völlig unterschiedlich erfahren und bewerten. Grundsätze »hausen« in Ihrem Unterbewusstsein und beeinflussen von ihrem Versteck aus Ihre Gedanken, Worte und Handlungen, ohne dass Sie sich ihrer bewusst sind. Ihr Unterbewusstsein akzeptiert alles, was Sie glauben. Es stellt nichts in Frage, verurteilt oder kritisiert nichts. Es reicht, dass Sie glauben, zu klein, zu dumm, zu unfähig oder vom Pech verfolgt zu sein. Das Unterbewusstsein nimmt es für bare Münze und »sorgt« dafür, dass es wahr wird. Was also denken Sie gerade? Wollen Sie, dass dieser Gedanke Ihre Zukunft bestimmt? Sie können Ihre Gedanken völlig frei wählen!

Der größte Teil unserer heutigen Überzeugungen stammt aus einem Alter, als wir ungefiltert alles glaubten, was uns vom Vater, der Mutter, den Großeltern, der Lehrerin, einem Onkel oder einer anderen Bezugsperson gesagt wurde. In der Kindheit oder Jugendzeit fließt das Weltbild der Menschen, die uns nahe stehen, auch in uns hinein und verankert sich dort. Sätze, wie »Traue keinem Fremden!« oder »Die Welt ist ungerecht!«, übernehmen wir als Kinder einfach, und wenn wir sie nicht verändert haben, wirken sie bis heute. Wenn also die Menschen, die Ihnen das Leben »erklärt« und »beigebracht« haben, unglücklich, ängstlich, voller Schuldgefühle oder aggressiv waren, haben Sie wahrscheinlich eine Menge negativer Dinge über sich und Ihre Umwelt gelernt.

Wie stark all diese Vorurteile, Dogmen, Ängste und Verurteilungen aus der Kindheit unser Schicksal bestimmen, ist nur den wenigsten von uns bewusst. Die Wahrheit aber ist: Als Erwachsene suchen wir uns immer wieder Bezugspersonen aus, mit denen wir die emotionale Atmosphäre unserer Kindheit wiederherstellen können. Wurden wir damals gelobt, ermutigt und auf Händen getragen, werden wir die Nähe von Menschen suchen, die uns genauso behandeln. Wurden wir geschlagen und gedemütigt, werden wir dieses Verhalten entweder »zurückzahlen«, oder wir lassen zu, dass wir wieder geschlagen und gedemütigt werden.

Überzeugungen und Grundsätze entfalten eine immense Energie. Im Positiven wie im Negativen. Auch auf unsere Gesundheit und unser Allgemeinbefinden. Ihre Grundsätze können Sie aus einer schlechten Welt in eine gute versetzen. Sie können Ihr Schicksal verändern. Wenn Sie bereit sind, Ihre bisherigen Überzeugungen zu ändern, kann sich auch Ihr Leben vollkommen wandeln! Vergegenwärtigen Sie sich, dass das, was Sie von sich und Ihrer Umwelt halten, Gedanken sind. Gedanken lassen sich verändern, das Gehirn lässt sich von Ideen, Überzeugungen, Projektionen und Vorstellungen, die Sie unglücklich machen, befreien.

Die Gedanken sind frei

Mit der folgenden Übung lernen Sie Ihre wichtigsten Überzeugungen kennen, die guten von den schlechten zu unterscheiden – und sich von den negativen zu trennen. Nehmen Sie sich ein Blatt Papier und schreiben Sie auf, was Ihnen zu den folgenden Begriffen einfällt – Sie können auch andere Begriffe Ihrer Wahl verwenden. Lassen Sie sich Zeit zum Überlegen: Frauen, Männer, Beziehungen, Liebe, Familie, Glück, Erfolg, Geld.

Nun kreisen Sie bitte alle Einschätzungen bzw. Grundsätze ein, die konstruktiv und positiv sind. Es sind Einstellungen, die Sie beibehalten und in Zukunft sogar verstärken sollten. Alle negativen Dinge hingegen, die Sie in Ihrer Kreativität einschränken oder Ihre Selbstachtung unterlaufen, werden durchgestrichen. Sie hindern Sie daran, Ihr Leben voller Kraft und Zuversicht zu meistern. Schauen Sie sich diese Sätze ruhig noch einmal an. Wollen Sie Ihr Leben wirklich immer noch auf diesen Überzeugungen gründen? Es sind die Barrieren, die Ihnen bei der Klärung Ihres Lebens und Liebens im Weg stehen. Aber jetzt, wo Sie sich ihrer bewusst werden, können Sie sich davon trennen.

Wenn Sie etwas mehr Zeit aufwenden können, schreiben Sie Ihre Lebensgeschichte auf. Sie haben keine Eile. Lassen Sie Ihre wichtigsten Erfahrungen dabei Revue passieren, schreiben Sie vor allem Ihre Gefühle auf, an die Sie sich in besonderen Situationen erinnern. Kein Problem, wenn dieser Aufarbeitungsprozess den ganzen Tag dauert. Sie können auch erst später mit dem nächsten Teil weitermachen. Nun lesen Sie sich Ihre Lebensgeschichte nochmals unter diesem Aspekt durch: Suchen Sie nach allen negativen Einstellungen, die bis heute in Ihrem Kopf herumspuken. Fahnden Sie nach den negativen Botschaften Ihrer Kindheit. Jede, die ans Licht kommt, trägt zu Ihrer seelischen Klarheit bei. Deshalb dürfen Sie sie ruhig freudig begrüßen: »Jetzt bist du entdeckt und entlarvt. Du hast mich lange genug unglücklich gemacht. Nun wirst du ein für alle Mal aus meinem Leben verschwinden. Ja, ich bin bereit, alle hinderlichen Einstellungen, Überzeugungen und Grundsätze, die mir nicht mehr dienen, loszulassen.«. Sie werden dann auch die Menschen in Ihrem Leben anders beurteilen können, sie mehr so sehen, wie sie sind.

Helfen Sie anderen, sich selbst zu helfen

Wenn jemand zu uns kommt und uns von seinen Problemen erzählt, fühlen wir uns oft genötigt, sie für ihn zu lösen. Wir hören gar nicht mehr richtig hin, in unserem Kopf rattern die Gedanken, wir suchen eine Lösung und können es kaum erwarten, ihm diese zu unterbreiten. Wir sagen ihm, was er machen soll. Wir finden uns dabei prima, hilfsbereit und kompetent. Unsere Lösung ist aber nicht seine Lösung. Deswegen kann sie nicht gelingen. Stattdessen sollten wir ihn lieber bestätigen. Wir sollten ihm zuhören, versuchen ihn zu verstehen, ohne ihn ändern zu wollen.

Um das zu können, müssen Sie von sich und Ihrem Wertesystem überzeugt sein. Sie müssen sich mit Ihren Werten, Überzeugungen und Grundsätzen wohl fühlen. Sie fühlen sich nicht bedroht, wenn andere Menschen andere Überzeugungen haben oder andere Verhaltensweisen an den Tag legen. Sie brauchen Ihre Überzeugungen nicht denen anderer Menschen anzupassen.

Sie können Grenzen setzen, ohne sie verteidigen oder rechtfertigen zu müssen. Wenn Sie sich mit sich selbst wohl fühlen, können Sie das sogar, ohne »schrill« zu werden. Es ist Ihnen möglich, bestimmt und freundlich zugleich zu sein. Wenn Sie die Gefühle eines anderen Menschen verstehen, ohne sich von ihnen vereinnahmen zu lassen oder sie für eigene Projektionen zu verwenden, geben Sie Ihrem Gegenüber die Möglichkeit, sich offen zu äußern und seine Probleme konstruktiv und in eigener Verantwortung zu bewältigen, seine Lösung zu finden!

Sehr oft bieten Menschen anderen ihre Hilfe auf eine Weise an, die versucht, ihnen die Verantwortung abzunehmen. Darin liegt auch eine Form der Abwertung. Manchmal geschieht dies unter dem Deckmantel des guten Ratschlags. Die Worte »sollte« und »müsste« sind seine »Fahnen«. Sie signalisieren: »Eigentlich bist du verpflichtet, meinen Ratschlag anzunehmen, das erwarte ich von dir!«. Wenn Sie Ihrer Freundin beispielsweise erzählen, dass Sie Probleme mit Ihrer Chefin haben, so rät Ihre Freundin Ihnen unter Umständen: »Du musst da mal auf den Tisch hauen, das darfst du dir nicht länger bieten lassen!«. Dabei wollten Sie das Problem vielleicht einfach nur einmal verbal loswerden. Auf den Tisch zu hauen liegt Ihnen nicht, und Ihren Job möchten Sie auch nicht verlieren. Und wie steht es mit Ihrer Freundin? Tut sie selbst, was sie von Ihnen erwartet?

Lassen Sie die Verantwortung für das jeweilige Problem dort, wo es hingehört – nämlich bei seinem »Besitzer«. Wenn Sie Ihre Hilfe anbieten, versuchen Sie immer, mit den Augen des anderen zu sehen. Stellen Sie dabei den anderen, nicht sich selbst, in den Mittelpunkt – so nach dem Motto: »Ach, das kann ich gut verstehen, so was hab ich auch schon erlebt. Du schaffst das schon. Habe ich dir übrigens erzählt, dass Toni neulich angerufen hat?«. Nehmen Sie sich nicht so wichtig. Hören Sie einfach aufmerksam zu. Entspannen Sie sich und freuen Sie sich, dass Sie selbst keine Lösung finden müssen.

Authentisch zu sein – das ist ein lohnendes Ziel für Sie

Authentizität ist ein sinnvolles Lebensziel. Wörtlich übersetzt heißt authentisch »selbst«. Ein authentischer Mensch lebt aus sich selbst heraus, die Impulse für seine Handlungen kommen von innen. Man kann sagen, authentische Menschen sind das Gegenteil von fremdgesteuerten Menschen. Weil sie den Blick nach innen richten, sind sie immer in Kontakt mit ihren Gefühlen und kennen ihre eigentlichen, wahren Bedürfnisse, die sie von äußerlich aufgesetzten Wünschen unterscheiden können. Sie fühlen in sich selbst hinein und erspüren ihre innere Natur. Dieses Einfühlungsvermögen zeigt sich dann auch äußerlich, also im Umgang mit anderen. Das wichtigste Merkmal eines authentischen Menschen ist jedoch wohl seine Fähigkeit, sich selbst zu lieben und so zu akzeptieren, wie er ist. Ein sich selbst liebender Mensch empfindet seine Schwächen als Teil seines Wesens. Er hat es nicht nötig, seinen Schattenseiten auszuweichen, sie zu verstecken oder irgendwo im Unbewussten zu verdrängen, wo sie weiter ihr Unwesen treiben. Stattdessen sagt er sich: »Ich bin fehlerhaft wie jeder andere Mensch auch.«. Und indem er sich mit allen Fehlern bedingungslos annimmt, legt er die Basis, an diesen Schwächen zu arbeiten und sich weiterzuentwickeln. Authentische Menschen legen Wert darauf, respektvoll behandelt zu werden – genauso, wie sie selbst auch in der Lage sind, anderen Wertschätzung entgegenzubringen. Sie sind keine Egoisten, aber sie haben genau jene gesunde Portion Egoismus, die jeder als Selbstschutz braucht, um sich nicht von anderen ausnutzen zu lassen. Wenn solche Menschen an sich denken, haben sie keine Schuldgefühle, sondern sie verstehen diese Form des Egoismus als natürlichen Teil des menschlichen Selbsterhaltungstriebs. Allerdings wird ein sich selbst liebender Mensch zu seiner Verteidigung nicht blindlings um sich schlagen oder andere einfach zurückdrängen. Er wird sich in jedem Augenblick wieder fragen, welches Verhalten angemessen ist und jedes Mal neu reagieren. Einmal wird er seine Bedürfnisse und Ziele durchsetzen, ein anderes Mal freiwillig zurückstecken, weil ihm die Bedürfnisse des anderen wichtiger erscheinen.

»Was werden die Leute wohl von mir denken, wenn ich …?« Mit solchen Gedanken machen Sie sich abhängig von der Anerkennung von außen und lassen es zu, dass andere über Sie bestimmen. Sie sind gezwungen, sich auf ganz bestimmte Art und Weise zu verhalten, um Anerkennung und Lob zu bekommen. Warum brauchen wir Anerkennung von anderen Menschen? Weil wir sie nicht in uns haben. Und alles, was wir nicht in unserem Inneren haben, müssen wir uns von außen holen.

Wenn Sie zum Beispiel keine innere Sicherheit haben, legen Sie besonderen Wert auf äußere Sicherheiten. Sind Sie in der Lage, sich selbst zu achten, dann sind Sie nicht auf die Achtung durch andere Menschen angewiesen. Sie können tun, was Ihnen passt – ohne Angst, anzuecken oder zu missfallen. Wenn es Ihnen gelingt, sich selbst anzuerkennen, dann müssen Sie Anerkennung nicht bei anderen Menschen suchen. Sie können sich eine eigene Meinung bilden und sie vertreten, ohne zu fürchten, in der Achtung anderer zu sinken. Die Achtung geben Sie sich selbst. Selbstachtung und Selbstwertgefühl sind der Schlüssel zu einem authentischen Leben.

Wenn Sie sich unabhängig machen wollen von der Meinung anderer, müssen Sie innerlich unabhängig sein. Und das geht nur, wenn Sie bereit sind, den Preis dafür zu zahlen. Sie riskieren damit Spannung und Streit, Konflikte und Auseinandersetzungen. Man wird Sie vielleicht sogar ablehnen und sich von Ihnen zurückziehen, vielleicht kommt es zu Trennungen, und Sie müssen damit rechnen, alleine dazustehen. Keine Frage: Dieser Preis ist hoch. Um ihn bezahlen zu können, braucht man ein gehöriges Maß an Selbstwertgefühl.

Nur Frauen mit einem ausgeprägten Gespür für sich selbst sind nicht auf die Zustimmung der anderen angewiesen. Solche Frauen holen sich ihr Selbstvertrauen von innen. Sie vertrauen zum Beispiel ihrer inneren Führung. Lassen auch Sie Ihre innere Stimme Ihr ständiger Begleiter werden, hören Sie auf den Rat Ihres »höheren Selbst« – jener Institution also, die am besten weiß, was für Sie richtig ist. Dann brauchen Sie keine guten Ratschläge von anderen. Dann sind Sie unabhängig von den gut gemeinten Tipps der Eltern, der besten Freundin oder den Kollegen. Sobald Sie mit sich selbst direkt verbunden sind, brauchen Sie keine andere Meinung mehr. Ihre Entscheidungen treffen Sie aus dem inneren Wissen heraus, was richtig ist.

Eine der wichtigsten Lektionen im Zusammenleben: Loslassen

Loslassen zu können, das ist der Schlüssel zur Veränderung und damit für Ihre Weiterentwicklung. Wer nicht loslassen kann, ist von irgendetwas abhängig. Das zeigt sich in Partnerschaften ebenso wie in anderen Beziehungen. »Willst du jemanden auf einer Insel halten, gib ihm ein Boot!«, lautet eine indianische Weisheit. Die ehrliche Selbstanalyse hilft Ihnen dabei herauszufinden, von wem oder was Sie abhängig sind, wo Ihre Ängste, Ihre Bequemlichkeit oder Ihre Sturheit Sie bremsen.

Welche vermeintlichen Vorteile und Sicherheiten bringt Ihnen das Festhalten an Dingen, Meinungen, Grundsätzen, Gewohnheiten oder Menschen? Welche Schwächen offenbaren sich? Welchen Wünschen und Visionen steht das Festhalten im Wege? Welche Möglichkeiten und guten Gefühle blockieren Sie damit? Möchten Sie darauf wirklich verzichten? Sich selbst und anderen verzeihen zu können, sind die elementaren Formen des Loslassens. Überzeugungen, Dinge und Menschen loszulassen, verschafft uns Zeit und Energie. Energie, die Ihnen dann zur Verfügung steht, um sich weiterzuentwickeln.

Welcher Mensch macht Sie wirklich glücklich?

1 *Was schätzen Sie an einer Beziehung am meisten?*

- **C** die Chance, sich gemeinsam weiterzuentwickeln
- **A** dass sich jemand um mich kümmert
- **D** dass ich auf Händen getragen werde
- **B** dass ich so sein kann, wie ich bin

2 *Was würde Ihnen bei Ihrem Partner die meisten Probleme machen?*

- **D** wenn er nicht einmal Fünfe gerade sein lassen kann und immer nur vernünftig ist
- **C** wenn er unsere Probleme zuerst immer mit jemand anderem bespricht
- **A** wenn er sich grundsätzlich weigert, mit mir zusammenzuziehen
- **B** wenn er ständig meine Aufmerksamkeit braucht

3 *Wie wichtig ist die Meinung Ihres Partners für Sie, wenn Sie vor einer wichtigen Entscheidung stehen?*

- **A** Ich treffe gern gemeinsam mit ihm die wichtigen Entscheidungen.
- **B** Ich verlasse mich in erster Linie auf mein Bauch-Gefühl.
- **C** Ich diskutiere gern mit ihm, entscheide dann aber selbst, was für mich gut ist.
- **D** Ich lasse mich gern von ihm beraten, hole aber auch noch andere Meinungen ein.

4 *Was schreckt Sie an einem anderen Menschen von vornherein ab?*

- **D** wenn er oder sie ständig von sich selbst redet
- **A** wenn er oder sie ausschweifend von einer mir unbekannten Person schwärmt
- **B** wenn er oder sie stets mit der eigenen Meinung hinter dem Berg hält
- **C** ewige Nörgeleien und schlechte Laune

5 Ihr Chef bildet eine Arbeitsgruppe für ein neues Projekt. Sie dü fen auswählen, welchen Bereich Sie darin übernehmen wollen. W kommt für Sie in Frage?

- **D** Kreativ-Management
- **B** Projektleitung
- **C** Organisation
- **A** Künstlerische Gestaltung

6 Wie beginnt für Sie ein Traumsonntag?

- **B** erst einmal richtig ausschlafen
- **D** mit meinem Mann kuscheln
- **A** ausgiebig mit ihm frühstücken
- **C** mit Joggen oder einem ähnlichen Sport

7 Bei einem Barbesuch lernen Sie einen tollen Mann kennen. S flirten ein wenig und, als Sie die Bar verlassen, gibt er Ihnen sei Visitenkarte. Was werden Sie tun?

- **D** Ich warte einige Tage ab, rufe ihn dann an.
- **A** Ich rufe ihn gleich am nächsten Tag an und möchte mich spontan mit ihm treffen.
- **B** Ich schicke ihm irgendwann einmal eine Mail oder SMS.
- **C** Wenn ich nächstes Mal mit meinen Freunden unterwegs bin, rufe ich ihn an und frage, ob er Lust hat mitzukommen.

8 Ihr Liebster ruft Sie an und kündigt an, dass er am Abend etw mit Ihnen besprechen muss. Was denken Sie?

- **B** Erst einmal schauen, ob ich überhaupt Zeit habe.
- **A** Oh Gott, er will mir einen Seitensprung beichten.
- **C** Ob etwas Schlimmes passiert ist?
- **D** Prima, dann reserviere ich gleich einen Tisch in unserem Lieblingsrestaurant.

Ihre Freundin erzählt Ihnen, dass sie von ihrem Mann bereits eimal betrogen wurde. Sie bittet Sie um einen Ratschlag. Was ra-n Sie ihr?

- Gleiches mit Gleichem zu vergelten
- sich einmal eine Woche auszuklinken und von ihrer Mutter verwöhnen zu lassen
- dass das keinesfalls zu akzeptieren ist und sie sich auf der Stelle von dem Mann trennen sollte
- dem Grund dafür auf die Spur zu kommen – eventuell eine Paartherapie in Anspruch zu nehmen

0 Ihr Kollege tönt gern ein wenig herum, so sagt er zum Beispiel, ss es für jemanden wie ihn keine passende Frau gibt, die müsste st geboren werden. Wie antworten Sie ihm?

- Er soll seine Ansprüche der Wirklichkeit anpassen, Traumfrauen gibt es nur im Kino.
- Er soll sich einmal selbst betrachten und überlegen, ob es wirklich an den Frauen liegt, dass er keine findet.
- So lange er so bedürftig jeder Frau hinterher schaut, wird er keine finden.
- Er soll sich mit Kurzbeziehungen und Affären über die Runden helfen, bis seine Traumfrau ihm über den Weg läuft.

1 Wie viel besprechen Sie mit Ihrer besten Freundin? Auch Ein-heiten aus Ihrem Liebesleben?

- Nein, das geht doch nur mich und meinen Partner etwas an.
- Im Prinzip ja, aber was mir peinlich ist, behalte ich für mich.
- Klar, ich will ja auch alles von ihr wissen.
- Was spricht dagegen? Dieser Austausch gehört für mich zur Freundschaft.

A B C D
II III HHT I

Auswertung

Zählen Sie aus, wie oft Sie A, B, C oder D angekreuzt haben. Der Buchstabe, den Sie am häufigsten angekreuzt haben, entspricht Ihrem Typ. Gleichviele Kreuze bei zwei oder mehreren Buchstaben bedeuten, dass Sie ein Mischtyp sind.

Typ A:

Sie bauen auf Vertrauen, Verantwortungsbewusstsein, Verlässlichkeit und Teamfähigkeit. Sie fühlen sich absolut gleichberechtigt und wollen auch so respektiert werden. Sie nehmen Ihren Partner so, wie er ist, und verlangen für sich das Gleiche. Machtspielchen sind Ihnen fremd. Auf Äußerlichkeiten geben Sie wenig. Sie erwarten aber auch bedingungslose Unterstützung, wenn Sie ein Problem haben oder irgendwie schwächeln. Männer dürfen bei Ihnen dafür auch einmal schwach sein und sich anlehnen, denn Sie sind ein wirklicher Kumpel. Dabei machen Sie jedoch einen Spagat, der unter Umständen gefährlich ist: Sie versuchen Freundschaft und Liebe miteinander zu verbinden. Dabei bleibt oft die Erotik auf der Strecke. Männer sehen das meist anders: Für sie steht die Liebe an erster Stelle, nicht die Freundschaft, denn dafür haben sie ja ihre männlichen Freunde. Seien Sie mehr Frau als Freundin! Sehen Sie in Ihrem Mann den Mann und nicht nur die treue Seele!

Typ B:

Um es ohne Umschweife zu sagen: Sie sind für einen Mann eine richtig harte Nuss! Denn Sie haben einen unglaublich ausgeprägten Hang zur Unabhängigkeit und sind eine Meisterin der Alleingänge. Sie können zwar leidenschaftlich lieben, aber Besitzansprüche machen Sie rasend. Sie lassen niemanden dicht an sich heran, auch Ihren Partner nicht, denn Sie haben Angst davor, dass Ihnen wehgetan werden könnte. Was sich nach außen hin als starkes Selbstbewusstsein bemerkbar macht, ist in Ihrem Inneren eine Schutzfunktion. Sie fürchten sich davor, sich fallen zu lassen, sich verletzbar zu machen. Ein Mann, der bemuttert und von Ihnen verwöhnt werden möchte, das ist nichts für Sie. Sie brauchen jemanden, an dem Sie sich messen und reiben können. Das hat aber auch einen Haken: Sie sind für einen Mann ziemlich anstrengend. Denn Sie enthalten ihm die Liebesbotschaft vor, dass Sie ihn brauchen und seine Nähe Ihnen gut tut. Sie müssen lernen, dass Nähe und Rückhalt nicht automatisch eine Fessel, dass Kompromisse und Zugeständnisse kein Zeichen von Schwäche sind. Versuchen Sie, sich etwas mehr zu öffnen, lassen Sie Ihren Liebsten mehr an sich teilhaben. Das gilt auch für Ihre Freundschaften.

p C:

Sie sind eine Genießerin und lieben es, verwöhnt zu werden. Halbherzigkeiten sind nicht Ihre Sache, Sie wollen Liebe, Lust, Leidenschaft und Lebensfreude. Ihre Beziehungen zu Männern sind intensiv und aufregend. Ehrgeiz, Enthusiasmus und Einsatzbereitschaft sind Eigenschaften, die Sie an einem Mann schätzen – auch um sich selbst darin zu sonnen. Sie sind wahnsinnig glücklich, wenn alles passt und stimmt. Das lassen Sie Ihren Partner auch spüren. Allerdings sind Sie dabei ein wenig unbeständig und neigen dazu, die Menschen in Ihrer Nähe etwas zu überfordern. Sie sind abgrundtief enttäuscht, wenn auch nur der kleinste Riss in Ihrer Beziehungsschüssel auftaucht. Dass dies vielleicht auch an Ihnen liegen könnte, kommt Ihnen gar nicht in den Sinn. Machen Sie sich klar, dass das Leben und Lieben immer eine durchwachsene Angelegenheit ist und dass Sie selbst es in der Hand haben, etwas für Ihre Beziehung zu tun. Was geben Sie Ihrem Partner? Wirklich das, was Sie von ihm erwarten? Lassen Sie ihm seine Schwächen und Webfehler.

p D:

Sie sind ein »Seelchen« und eine unverbesserliche Romantikerin. Sie träumen von einem Märchenprinzen, lieben kitschige Filme und sind ein Fan von Rosamunde Pilcher? Sie lieben Männer, die den Ton angeben, die charmant, erfahren und durchsetzungsfähig sind, die Ihnen Geborgenheit und Rückhalt schenken. Es ist nicht so, dass Sie nicht alleine leben könnten, doch erst zu zweit macht das Leben für Sie Sinn. Sie lieben Ihren Partner aus vollem Herzen und fühlen sich rundum wohl in seiner Nähe. Jeder gemeinsame Tag ist ein Festtag für Sie. Sie stecken auch gerne einmal zurück, wenn es Ihrer Beziehung dient. Streit gehen Sie aus dem Weg, und wenn es doch einmal kracht, lenken Sie rasch wieder ein. Sie dürfen aber ruhig ein bisschen mehr an sich selbst denken und auch einmal etwas für sich tun. Wünsche, Träume und Gefühle müssen bei einem Paar nicht immer deckungsgleich sein. Lassen Sie etwas mehr locker. Das tut Ihrer Beziehung genauso gut wie gemeinsame Zeiten.

4. *Erfolgsgeheimnis*

Machen Sie das Beste aus Halbherzigkeiten und Hintertürchen

Fünf Minuten für die *Liebe*

Öffnen Sie Ihr Herz für die richtigen Ziele

Was wollen Sie im Leben erreichen? Was sind Ihre kurzfristigen, was Ihre langfristigen Ziele? Wie wollen Sie sie erreichen?
Malen Sie einen Kreis, stellen Sie einen Stuhl hinein und setzen Sie sich hin. Nun schließen Sie Ihre Augen und stellen sich vor, Sie hätten Ihr Ziel schon erreicht. Malen Sie sich das in allen Einzelheiten aus, lassen Sie in Ihrer Fantasie ein möglichst wirklichkeitsgetreues Bild entstehen. Was würde sich konkret ändern? Spüren Sie nun, wie sich Ihre Energie verändert, wenn Sie Ihr Ziel erreicht haben. Wenn es ein Ziel ist, das Ihnen gut tut, werden Sie nun merken, wie sich Ihre Motivation, Ihre Lust und Ihre Lebensfreude verstärken. Haben Sie ein Ziel ausgewählt, das Ihnen nicht bekommen wird, werden sich negative Energien in Ihnen breit machen. Manche Ziele sind auch ein Sprungbrett für weitere Ziele. Sie können Ihre Motivation und Lebensfreude steigern, wenn Sie herausfinden, welche weiteren Ziele hinter dem Ziel stehen könnten, das Sie als Erstes anstreben. Warum zieht es Sie magisch an?
Nutzen Sie die Energien, die Sie auf diese Weise mobilisieren, um Ihre Ziele Wirklichkeit werden zu lassen.

Freuen Sie sich über den »Spatz in der Hand«, und lassen Sie die »Taube auf dem Dach«

Liebe und persönliche Freiheit – zwei einzelne Schuhe, die nicht zusammenpassen? Das glauben heute viele Menschen und setzen mehr Gewicht auf ihren eigenen Freiraum als auf die Zweisamkeit. Die Forderung »Ich brauche meine Freiheit!« hat schon so manche Beziehung gekillt oder gar verhindert. Die typische Diskussion um Liebe und Freiheit trifft fast jedes Paar in irgendeiner Phase seiner Beziehungsentwicklung – nämlich immer dann, wenn einer sich beengt fühlt, nicht mehr »atmen« kann und aus dem »Wir-Gefühl« ausbrechen möchte. Der vor den Kopf gestoßene Partner versucht dann meist, mit Vorwürfen, Umklammerungen oder Kontrollmaßnahmen »die Beziehung zu retten«, den »Reisenden aufzuhalten« und an sich zu binden. Statt auf Vertrauen in die Selbstheilungskräfte der Partnerschaft setzen die meisten in einer solchen Situation auf »Leinenzwang«. Das verträgt keine Liebe. Die Liebe festzuhalten und ihr dennoch Freiheit zu schenken, das ist die große Kunst, die jede Beziehung vollbringen muss, wenn die Verliebtheit nachlässt und aus dem Paar wieder zwei eigenständige Persönlichkeiten werden. Aus der romantischen Symbiose schälen sich nun Unterschiede und Eigenheiten heraus, die der Beziehung erst die richtige Würze geben. In einer lebendigen Beziehung muss es beiden Partnern möglich sein, sich zu verändern, Ansichten und Verhaltensweisen zu ändern. Nicht alles müssen Sie mit dem Partner teilen. Es ist zwar verständlich, dass wir besitzergreifend sind und über unseren Liebsten wachen wollen, dennoch muss Raum für andere Bedürfnisse bleiben, die nicht zwangsläufig an den Partner gekoppelt sind. Denn sonst droht die Beziehung zu erstarren. Liebe kann nur da leben, wo die gesamte Persönlichkeit mit ihren Stärken und Schwächen, Eigenheiten und Ausprägungen willkommen ist.

Aus Angst davor, seine Freiheit zu verlieren oder aus den verschiedenen Möglichkeiten nicht die bestmögliche auswählen zu können oder ausgewählt zu haben, scheuen sich viele Frauen und Männer heute davor, eine Beziehung mit ganzem Herzen zu bejahen. Sie gehen halbherzige Bindungen ein und halten sich stets ein Hintertürchen offen, für den Fall des Falles, dass ihnen noch etwas Besseres zufällt. Diese Haltung steht einem erfüllten Leben und Lieben mehr als im Wege.

»Maximierer« nennt der amerikanische Psychologie-Professor Barry Schwartz Menschen, die immer nach Besserem fahnden und ihre ganze Energie darauf verschwenden, es zu finden. Er glaubt, dass wir mit dem »Multiple-Choice-Leben«, das wir heute führen können, völlig überfordert sind und dass deswegen so vielen Menschen Singles oder in ihren Beziehungen ewig unzufrieden sind. Und wir haben in der Tat eine riesige Auswahl an allem Möglichen (Multiple Choice). Denken Sie nur einmal an einen normalen Supermarkt. Dort können Sie – überspitzt gesagt – unter 1001 verschiedenen Duschgelen wählen, brauchen doch aber immer nur eines. Ähnlich verhält es sich mit den Beziehungen. Anders als früher sind Trennungen und Scheidungen heute an der Tagesordnung.

War die Ehe bzw. Partnerschaft früher noch in erster Linie eine Wirtschaftsgemeinschaft, in der Frau und Mann miteinander auskommen mussten, weil sie allein nicht über die Runden gekommen wären, so hat sie heute fast ausschließlich romantischen Charakter. Da beide Partner meist auf eigenen Beinen stehen oder stehen könnten, stellt die Existenzsicherung keine ausreichende Grundlage mehr dar. Das früher durch den anstrengenden Kampf ums Überleben und die Absicherung der Grundbedürfnisse bedingte, notgedrungen und »gottergeben« akzeptierte Auf und Ab in der Beziehung ist dem Anspruch auf ein durchgängiges und 150-prozentiges Liebesgefühl und immerwährendes Hochglanz-Glück gewichen.

Wo auch nur ein »Fitzelchen« am anderen stört, wird die Beziehung oft achtlos in die Ecke geworfen und eine neue gesucht. In unserer Gier- und Neidgesellschaft ist heute vielen nichts gut genug – und diese Haltung macht auch vor der Partnerschaft nicht Halt. Allgegenwärtiger Erlebnishunger und Konsumzwang haben die Angst, etwas zu versäumen, im Schlepptau. Aus dieser Perspektive erscheint das Leben als eine Kette von Gelegenheiten, aus denen man jeweils das Beste herausholen muss. Dabei verlieren die meisten das Wesentliche aus dem Auge: Nämlich, dass wir nur im Zusammenleben mit anderen Menschen wirkliches Glück finden. Und dass wir keine Zeit zu verlieren haben, denn wir haben nur dieses eine Leben, Sie und ich, wir alle.

Die »Maximierer« sind den »Schnäppchenjägern« nicht ganz unähnlich. Statt »Gibt es nicht noch etwas Preiswerteres?« stellen sie ihr Leben unter das Motto: »Gibt es nicht noch etwas Besseres?« Sie denken: »Irgendwo muss es doch noch einen Mann/eine Frau geben, der/die besser ist als mein/e jetzige/r.« Sie hegen Erwartungen, die sich nicht erfüllen lassen. Haben sie einen Partner gefunden, zweifeln sie stets daran, ob sie wirklich eine gute Wahl getroffen haben.

Jede Entscheidung ist in der Haltung der »Maximierer« im Grunde eine schlechte Entscheidung, weil es ja noch eine bessere geben könnte. Jeder Entschluss wird von ihnen früher oder später bereut, selbst wenn er objektiv gut und erfolgreich war. So kann es beispielsweise angehen, dass sie die Liebe ihres Lebens gefunden haben und dies vielleicht gar nicht bemerken. Infolgedessen können »Maximierer« nie zufrieden sein. Schon gar nicht, wenn die Ergebnisse nicht den Erwartungen entsprechen.

Schrauben Sie Ihre Erwartungen herunter

Wer lernt, zu akzeptieren, dass »gut genug« auch eine ganze Menge wert ist, und wer weiß, was »gut genug« für ihn selbst bedeutet, vereinfacht seine Entscheidungsprozesse und erhöht seine Zufriedenheit. Sich zufrieden zu geben mit Erreichtem, bildet eine Grundlage, auf der Sie sich um eine Beziehung überhaupt erst kümmern können. Sie neigen dann weniger dazu, Bedauern zu empfinden, wenn Sie sich für eine Sache oder einen Partner entschieden haben. Sie brauchen dann nicht mehr auf den Märchenprinzen oder den Supermillionär zu warten und können sich dem, was Sie haben, zuwenden und es pflegen.

Zu wissen, was gut genug ist, setzt voraus, dass Sie sich kennen und wissen, was Ihnen am Herzen liegt. Denken Sie an Situationen in Ihrem Leben, in denen Sie sich mit dem, was gut genug ist, abfinden können. Prüfen Sie, wie Sie sich in diesen Bereichen abfinden kön-

nen. Übertragen Sie diese Strategie dann auch ruhig auf andere Bereiche.
Wenn Sie das nicht schaffen, laufen Sie Gefahr, dass Sie Ihren idealen Partner nicht erkennen, wenn er vor Ihnen steht oder bereits mit Ihnen zusammenlebt. Sie werden ihn bald wieder verlassen, weil Sie sich selbst nicht trauen. Um herauszufinden, ob Ihr Partner wirklich der beste aller Partner ist, müssten Sie rein theoretisch vorher alle Männer dieser Welt einem ausführlichen Test unterziehen. Dass das Quatsch ist, brauche ich Ihnen nicht zu sagen. »Beim nächsten Mann wird alles anders« hieß zwar der Titel eines launigen Emanzen-Romans von Eva Heller, doch stimmen tut dies nicht. Beim nächsten Mann wird gar nichts anders. Und wissen Sie, warum? Weil Sie Sie sind. Beim nächsten Mal kann nur dann etwas anders werden, wenn Sie etwas ändern. Das hat mit einem neuen Partner meist nichts zu tun.
Der Stress, unter dem wir mit unseren Beziehungen stehen, wird vielfach von uns selbst produziert. Er ist das Produkt unserer unrealistischen Erwartungen an uns selbst. Wenn wir weniger verlangen würden, könnten wir uns besser entspannen und wahrscheinlich mehr Spaß am Leben und Lieben haben. Neigen Sie zu übertriebenen Ansprüchen? Wie könnten Sie diese herunterschrauben?

Wählen Sie gezielt, was Sie wollen

Leider verschwenden wir oft zu viel Zeit und Mühe darauf, Dinge auszuwählen, die so viel Aufmerksamkeit schon deshalb nicht verdienen, weil sie unsere Zufriedenheit langfristig gar nicht positiv beeinflussen. Diese Energien fehlen uns dann da, wo es wirklich wichtig ist. Lernen Sie, die Dinge einfach mal laufen zu lassen – besonders, wenn sie ohnehin nicht entscheidend sind. Überprüfen Sie, bei welchen Entscheidungen es wirklich auf eine sorgfältige Auswahl ankommt, und begrenzen Sie Ihren Aufwand, wenn es um Kleinigkeiten geht.

Wenn die Wahlmöglichkeiten ausufern, sind wir gezwungen, uns »wahllos« zu verhalten. Gute Entscheidungen erfordern Zeit und Aufmerksamkeit. Versuchen Sie, die Überlegungen, die Sie in unwichtige Entscheidungen investieren, abzukürzen oder ganz fallen zu lassen. Und die Zeit, die Sie dadurch eingespart haben, zu nutzen, um sich zu fragen, was Sie in Lebensbereichen, in denen Entscheidungen eine Rolle spielen, wirklich wollen. Damit Sie herausfinden können, was für Sie wirklich von Bedeutung ist, empfiehlt Schwartz, sich einmal mit Ihren vergangenen Entscheidungen auseinander zu setzen und sich zu überlegen, wie viel Zeit, Suche, Ängste und Energie es Sie gekostet hat, sie zu treffen. Stand das Ergebnis in einem erträglichen Zusammenhang zu dem Aufwand? Hat es Ihr Wohlbefinden angemessen bereichert?

Lernen Sie das Positive endgültiger Entscheidungen zu schätzen

Sich mit dem Erlangten zufrieden zu geben, bedeutet noch lange nicht, anspruchslos zu sein. Es ist jedoch eine große Entlastung. Formulieren Sie zunächst Ihre

Ziele und Ansprüche, Wünsche und Vorstellungen. Analysieren Sie, was für Sie »gut genug« bedeuten könnte. Versuchen Sie, Ihre Suche nach anderen Möglichkeiten einzustellen, sobald Ihre Ansprüche erfüllt sind und Sie Ihre Wahl getroffen haben – egal, ob es sich um ein paar neue Schuhe, einen neuen Wagen oder einen Partner handelt. Allerdings setzt das voraus, dass Sie sich kennen und sich mit Ihren Vorstellungen vom Leben und Lieben auseinander setzen. Nehmen Sie eine Entscheidung als endgültig an, sehen Sie Ihr Leben in einem positiveren Licht. Sie werden sehen, dass Sie das glücklich macht.

Das bedeutet nun natürlich nicht, dass Sie jede Ihrer Entscheidungen blind akzeptieren sollen und nicht revidieren dürfen, wenn sie einmal gefällt sind. Wenn Sie Fehler machen, müssen Sie diese auch korrigieren. Es geht um Ihre Grundeinstellung. Bereits die Gewissheit, dass Sie Ihre Wahl getroffen haben, entlastet Sie und hält Ihnen den Rücken frei, um Ihre Power in das zu stecken, was Sie haben, anstatt sich ständig mit Zweifeln und dergleichen aufzuhalten. Dämpfen Sie Ihre Erwartungen. Wie Sie eine Erfahrung bewerten, hängt in erster Linie davon ab, was Sie erwarten. Sind Ihre Erwartungen stets hoch, werden Sie sich schwerer damit tun, zufrieden zu sein. Verabschieden Sie sich also am besten von überhöhten Ansprüchen. Lernen Sie, die Grenzen der beschränkten Möglichkeiten als Gewinn anzusehen.

Wenn wir uns immer wieder Entscheidungen – wie die Wahl des Partners oder der Freundin – noch einmal überlegen können, neigen wir dazu, weniger zufrieden mit ihnen zu sein. Ist eine Entscheidung hingegen endgültig, öffnen wir uns für eine Vielzahl psychologischer

Prozesse, die uns die getroffene Entscheidung in einem positiveren Licht zeigt als die Alternativen. Es ist im Leben ganz unvermeidlich, dass wir Menschen treffen, die jünger, schlanker, reicher, attraktiver, hübscher, lustiger, intelligenter oder »Everybody's Darling« sind, die verständnisvoller und einfühlsamer wirken als der eigene Partner. Doch einen Partner fürs Leben auszusuchen heißt nicht, Produktvergleiche anzustellen wie im Supermarkt oder Schlechteres gegen Besseres einzutauschen. Angesichts scheinbar attraktiver und verlockender Möglichkeiten lassen sich Glück und Stabilität nur finden, wenn man sagt: »Ich mache davon einfach keinen Gebrauch. Ich bin nicht mehr auf dem Markt.« Wenn Sie sich den Kopf zermartern, ob es wirklich die große Liebe ist, ob Ihr sexuelles Liebesleben über oder unter dem Durchschnitt liegt und ob Sie eine bessere Wahl hätten treffen können, ist Ihr Unglück schon vorprogrammiert. Lernen Sie loszulassen. Die Gewissheit, dass Sie eine Wahl getroffen haben, gestattet Ihnen, Ihre Energie in die Verbesserung der Beziehung zu investieren, statt ständig an ihr zu zweifeln. Das ist im Übrigen auch das Geheimnis des Heiratens.

Die Perfektion – die Schwester des Maximierens

Eine enge Verwandte des Maximierens ist die Perfektion. Auch sie steht einer erfüllten Beziehung häufig im Wege. Perfektionismus ist ebenso wie Schuldgefühle eine überwiegend weibliche Eigenart. Während Männer es häufig schaffen, Fünf gerade sein zu lassen, müssen viele Frauen erst noch die Fenster putzen und den Boden wienern, bevor sie mit ihrem Liebsten das Lager teilen oder sich einfach zweckfreie Zeit für ihn nehmen. Perfektionistische Frauen erwarten von sich oft Übermenschliches, und genau diese unrealistisch hohen Erwartungen sind ihr Hindernis. Schaffen sie nicht, was sie sich vorgenommen haben, verurteilen sie sich. Schon beim kleinsten Fehler machen sie sich selbst die schlimmsten Vorwürfe. Die Perfektionistin hat stets das Gefühl zu versagen, denn sie schafft nicht, was sie sich vornimmt, weil es nicht zu schaffen ist.

In ihrem Kopf herrscht »Schwarz-Weiß-Denken«. Sie glaubt, man könnte nur alles »richtig richtig« oder alles richtig falsch machen. Aber das ist ein Denkfehler. Normal ist, dass wir beides tun: Wir machen viele Dinge richtig und gleichzeitig Fehler, aber auch eine Menge so lala. Um all die Regeln und Gesetze einhalten zu können, die sie sich auferlegen, arbeiten sich Perfektionisten nach allen Kräften ab. Dabei kommen ihre eigenen Bedürfnisse unweigerlich zu kurz, und irgendwann führt das übersteigerte Bemühen zum Zusammenbruch. »Siehst du, du kannst nicht durchhalten, bist schwach und unfähig!« – lautet auch dann noch ihre Selbstanklage.

Sind Sie auch vom Perfektionismus getrieben? Das können Sie anhand folgender Fragen einmal selbst überprüfen:

- Haben Sie das Gefühl, ständig unter Druck zu stehen?
- Plagt Sie ein Gefühl von Gehetztsein?
- Wissen Sie manchmal nicht mehr, wo Ihnen der Kopf steht?

- Leiden Sie unter Angst- und Schuldgefühlen?
- Sind Sie oft enttäuscht von sich oder ärgerlich auf sich selbst?
- Schimpfen Sie sich manchmal mit Worten aus wie: »Ich bin zu langsam und zu ungeschickt!«?
- Denken Sie oft: »Ich hätte es wissen müssen, schneller sein sollen, es besser machen können!«?
- Empfinden Sie sich als nicht schön genug, nicht schlank genug, nicht stark oder erfolgreich genug?
- Sind Sie oft so ungeduldig, dass Sie sich nicht genügend Zeit gönnen, um sich Ihres Partners anzunehmen?
- Sind Sie manchmal ärgerlich auf Ihren Partner und denken, wenn er sich ändern würde, wäre alles besser?
- Fühlen Sie sich im Widerspruch zwischen dem, was Sie sind, und dem, was Sie gerne wären oder sein sollten?
- Gibt es einen großen Unterschied zwischen dem, was Sie glauben tun zu müssen, und dem, was Sie wirklich schaffen?
- Sind Sie oft unzufrieden mit Ihren Entscheidungen?
- Benutzen Sie häufig Beruhigungsmittel oder Alkohol, um sich zu entspannen?
- Fürchten Sie, es nicht wert zu sein, das vom Leben zu bekommen, was Sie brauchen?

- Haben Sie oft Angst, die Kontrolle über etwas zu verlieren?
- Haben Sie manchmal das Gefühl, Ihrem Leben fehle es an Richtung und Lebensziel?

Ihr Ziel heißt loslassen, locker lassen, sich mäßigen

Auch hier heißt es, Ansprüche herunterzuschrauben, Erwartungen zu senken, das Programm der Pflichten zu reduzieren, sich mit dem zufrieden zu geben, was man schaffen kann. Doch genau dieser Weg ist es, wovor sich die Perfektionistin am meisten fürchtet. Weil sie den Begriff »Mäßigung« mit Mittelmäßigkeit gleichsetzt, und die fürchtet sie am allermeisten. Denn die Perfektionistin wäre nicht Perfektionistin, wenn sie sich nicht auch noch ständig mit anderen vergleichen würde.

Fangen Sie deshalb klein an: Nehmen Sie sich drei Zettel und notieren Sie Ihre Arbeiten des morgigen Tages. Auf Blatt 1 kommt das, was wirklich unbedingt getan werden muss, auf Blatt 2, was getan werden kann, und auf Blatt 3 schreiben Sie nun auf, was nett, aber nicht nötig wäre. Welche Arbeiten oder Erledigungen müssen Sie nicht unbedingt selber machen? Was kann jemand anderes für Sie machen, was muss vielleicht überhaupt nicht gemacht werden? Wenn Sie jemand anderes darum bitten, etwas für Sie zu übernehmen, dann sagen Sie es ihm klar und deutlich, denn sonst wird ihm die Ernsthaftigkeit Ihres Anliegens womöglich nicht deutlich. Geben Sie ihm auch eine zeitliche Richtschnur, bis wann was erledigt sein muss. Unklare Ansagen werden oft missverstanden und bescheren Ihnen am Ende wieder das Gefühl, Sie hätten versagt.

Sie werden wahrscheinlich erstaunt feststellen, dass Sie so eine Menge Dinge loswerden können und mehr Hilfe als erwartet erfahren. Womöglich wird sich auch Ihr Partner in vielerlei Hinsicht gar nicht so dumm anstellen, wie Sie es ihm immer unterstellen – vielleicht putzt er sogar gründlicher oder schneller als Sie, hat mehr Spaß am Kochen oder entdeckt eine Vorliebe fürs Bügeln. Lassen Sie ihn machen und unterdrücken Sie vor allem ihre Kritik, wenn Sie finden, dass Sie alles besser machen könnten. Keine ungerechtfertigte Krittelei, bitte. Partner, Familie, Freunde und Kollegen einer perfektionistischen Frau haben es nämlich schwer. Sie können es ihr einfach nicht recht machen, so sehr sie sich auch bemühen. Immer wird sie etwas an der Leistung anderer auszusetzen haben, weil sie davon überzeugt ist, dass nur sie weiß, wie es richtig geht. Ihre »Lass-das mal-ich-mach-das-besser-Haltung« kann zu einer Art Lähmung der anderen führen. Sie fragen sich dann: »Warum soll ich helfen oder Verantwortung übernehmen, wenn mir doch immer eingeredet wird, dass ich nichts kann?«

Wenn Sie Ihren Liebsten fragen, wird er Ihnen bestimmt bestätigen, dass es auch für ihn eine Erleichterung ist, eine weniger gehetzte Frau zu haben, die dann auch mehr Zeit für die Beziehung hat. Frauen, die in allem perfekt sein wollen, stehen permanent unter innerer Anspannung, kontrollieren sich ständig und wirken nach außen alles andere als gelassen, fröhlich und »liebesbereit«. Im Extremfall können Sie sogar ihrem Partner das Leben zu Hölle machen, indem sie jeden Spaß aneinander töten, weil sie entweder keine Zeit haben, erschöpft sind, die Kleidung oder die Wohnung schmutzig werden könnten.

Reduzieren Sie die Zahl Ihrer Tätigkeiten

Wir alle haben generell viel zu viel auf dem Zettel. Die meisten von uns sind »Multitasker«. Das bedeutet, dass wir – wie ein Computer – immer mehrere Dinge gleichzeitig tun: Beim Autofahren schminken wir uns, beißen nebenher schnell noch in ein Croissant, wir joggen mit dem Kinderwagen, telefonieren beim Geschirrspüler-Ausräumen oder Einkaufen und »zappen« uns durch 30 Fernsehprogramme, während wir E-Mails versenden oder Bankbelege ordnen. Ein typisches Bild bietet eine Werbung von eBay: Mutter sitzt am PC und bietet mit, nebenbei füttert sie ihr Kind ohne hinzuschauen und bekommt nicht mit, dass sie dem Hund den Löffel in den Mund steckt.

Für berufstätige Frauen beginnt der wahre Stress nach Feierabend. Die Zeit zwischen 17 und 21 Uhr ist für sie die anstrengendste des ganzen Tages, haben amerikanische Forscherinnen herausgefunden. Denn jetzt müssen sie nicht nur einer Rolle – der der Berufstätigen – gerecht werden, sondern gleich mehrerer: Mutter, Einkäuferin, Köchin, Familienfrau, Freundin, Ehefrau, Geliebte, Zuhörerin. Diese Stunden schwächen das weibliche Immunsystem erheblich, werden für zunehmende Beschwerden bei Frauen wie Herz- und Kreislaufbeschwer-

den, Kopf- und Rückenschmerzen, Magenleiden und Schlaflosigkeit verantwortlich gemacht.
Wir surfen in 90 Sekunden rund um die Welt, auch hier immer in der Angst, irgendetwas Wichtiges zu versäumen. In unserem Gehirn muss es zugehen wie in einer großen Schaltzentrale. Wir müssen uns schneller als je zuvor auf neue Situationen einstellen. Immer mehr Menschen verbringen nicht nur beruflich, sondern auch privat ihre Zeit vor dem PC. Diese Zeit steht der Beziehung dann nicht mehr zur Verfügung. Für viele ist der Umgang mit den Medien zum Fulltimejob geworden. Nicht wenige legen inzwischen ein regelrechtes Suchtverhalten an den Tag. Auch wenn das sicher nicht auf Sie zutrifft, so wirkt sich das dennoch auf Ihr eigenes Leben aus. So kann es beispielsweise sein, dass sich Ihr Mann abends nicht vom Internet trennen kann, nebenher fernsieht oder ständig das Ohr am Handy hat. Viele Menschen kommen damit jedoch nicht zurecht. Denn unser Gehirn ist ein Fossil. Vertreter der neuen Schnelligkeit glauben zwar, dass sich die menschlichen Gehirnstrukturen schneller anpassen werden, als wir es vermuten. Dennoch scheint es sicher zu sein, dass das Gehirn trotzdem nach dem alten Prinzip vorgeht: »Eins nach dem anderen«. Der Münchner Psychologe und Hirnforscher Ernst Pöppel ist zu dem Schluss gekommen, dass unser Gehirn mit den vielen Reizen (Multitasking) überfordert ist. Dies ist in seinem »Bauplan« nicht vorgesehen. Wir können die unterschiedlichen Informationen zwar durchaus rasch verfolgen, jedoch nur oberflächlich. Wir schaffen es nicht, uns intensiv damit auseinander zu setzen. Im Zeitfenster des Gehirns und in unserem Bewusstsein ist immer nur Platz für jeweils

ein Thema. Etwas anderes werde das Gehirn auch nicht lernen, sagt er, weil es nicht beliebig formbar sei. Selbst, wenn sich bei den nachfolgenden Generationen gewisse Anpassungen im Gehirn feststellen ließen, so bleiben die Grundkonstanten des Denkens doch erhalten. Pöppel: »Auf Dauer werden wir unsere Aufmerksamkeit durch Multitasking nicht stärken – vielmehr verzetteln wir uns sprichwörtlich und schwächen unsere Konzentrationsfähigkeit. Und da Multitasking kein eigentliches ›Weltwissen‹ schafft, ist auch die individuelle Intelligenz- und Wissensentwicklung wenig hilfreich.«

Das gilt im Übrigen auch für den Zeiträuber Fernsehen. Fachleute haben ausgerechnet, dass wir zusammen genommen zehn Jahre unseres Lebens »vor der Glotze hocken«, anstatt uns mit Partner, Familie, Freunden oder einem Hobby zu beschäftigen. Oder einfach einmal mit Nichtstun. So ist das Medium Fernsehen zu einer unserer größten Zeitfallen und Beziehungskiller geworden. Rasch stellt sich das Gefühl ein, immer weniger selbst zu leben, sich immer mehr mit etwas zu beschäftigen, das ursächlich nichts mit uns zu tun hat. Wir schauen uns Liebe und Beziehungen an, anstatt sie selbst zu leben.

Kurz und schlecht: Wir leben in einer anstrengenden Gesellschaft, die meisten von uns haben mehr als genug am Hals und finden kaum noch Nischen für wirkliche Entspannung, für Muße, Ruhe und Zuwendung zu unseren Bezugspersonen. Selbst in der Freizeit setzen wir uns zunehmend unter Druck. Denn jetzt schlägt die Fitness- und Wohlfühlwelt zu. Nun sollen wir uns nämlich auf Knopfdruck ebenfalls um unseren Körper kümmern und schnell einmal wohl fühlen. Den Hauptgewinn haben einmal wieder – so scheint es – die Frauen gezogen: Denn das gängige Schönheitsideal verlangt ja auch, dass wir als Krönung ein Leben lang unsere Modelfigur in Größe 36 pressen und überhaupt aussehen, als wären wir unsere Töchter. In dieser Welt jagt ein Trend den nächsten, und wir kommen gar nicht mehr hinterher. Heute rasen wir auf Laufbändern, morgen hopsen wir Treppentrainer auf und ab, übermorgen hängen wir kopfüber an einem Heimtrainer. Danach wollen wir uns noch rasch mit Yogaübungen entspannen, morgen bei einer ayurvedischen Öl-Massage »abhängen«, und übermorgen sollen uns Klangschalen zur inneren Ruhe betten. Diese Art der »Turbo-Entspannung« strengt an. Für die wirkliche Entspannung fehlt uns … die Entspannung. In wenigen Stunden sollen unzählige Stunden gehetzten Lebens ausgeglichen werden. Wieder keine Zeit, der Liebe genügend Raum zu verschaffen.

Das Gefühl für die richtige Dosis Ruhe ist uns abhanden gekommen. Viele von uns haben keinen blassen Schimmer mehr davon, wie das mit dem Innehalten überhaupt funktioniert. In unserer Gesellschaft sollen auch die Zeiten effektiv sein, in denen wir nichts tun, deswegen legen wir selbst an unsere Entspannung Leistungskriterien. Deshalb sollten Sie vor allem auch Ihren eigenen Zeitplan entrümpeln. Sie brauchen Zeiten, die nicht mit einem »Um zu« verbunden, sondern völlig zweckfrei sind.

Stoppen Sie das »Multitasking«. Machen Sie immer nur eine Sache auf einmal. Wenn Sie fernsehen, konzentrieren Sie sich darauf. Wenn Sie im Internet surfen, begrenzen Sie die Zeit. Gönnen Sie sich den Luxus, telefonisch nicht erreichbar zu sein. Schauen Sie einmal, was für ein Abenteuer es ist, wenn Sie Ihr Handy abschalten. Wenn Sie mit Ihrem Partner oder Ihrer Freundin zusammen sind, nehmen Sie sich Zeit dafür. Die alten Fischer bei uns an der Küste sagen: Es gibt eine Zeit zum Fischen und eine Zeit, die Netze zu trocknen.

Beherzigen Sie die Regel »Slow, but better«

- Machen Sie mehr kleine Erholungspausen! Versuchen Sie jeden Tag, sich und Ihrem Partner bewusst Zeit zu gönnen – planen Sie auch ruhig eine halbe Stunde täglich ein, die Ihnen ganz allein gehört.
- Versuchen Sie nicht alles in Ihre Erholungszeiten zu stopfen, was Sie zu versäumen glauben. Ihre Freizeit soll wirklich frei sein, möglichst auch von aufgesetzten Aktivitäten.
- Finden Sie heraus, wo Sie und Ihre Beziehung Ausgleich brauchen! Am besten schalten Sie in aller Regel mit einem Kontrastprogramm zum Alltag ab.
- Machen Sie sich klar, dass Sie selbst Herrin Ihrer Zeit sind. Es sind nicht immer die anderen, die Ihnen Zeit stehlen. Sie selbst haben in der Hand, wie viel Raum Sie Ihrer Eigenzeit geben. Reduzieren Sie Ihre Termine, wo Sie nur können!
- Nehmen Sie sich einfach nicht mehr so viel vor. Versuchen Sie Prioritäten zu setzen und von hinten weg zu kürzen.

- Teilen Sie sich Ihre Pflichten in kleine Portionen ein, das schützt vor Überlastungsgefühl. Viele Aktivitäten, die wir entfalten, bringen uns nicht wirklich etwas. Wenn Sie sie vorher darauf überprüfen, was passiert, wenn Sie sie einfach sein lassen, werden Sie erstaunt sein, wie viele Tätigkeiten Sie von Ihrer Liste schlicht streichen können!

- Schaffen Sie sich stützende Rituale: Da unsere Welt aus ihren natürlichen Fugen geraten ist und wir uns wichtiger Rituale – wie Feiertage etwa – beraubt haben, müssen wir uns selbst wieder solche stützenden Elemente schaffen. Strukturieren Sie den Tages- und den Wochenablauf. Sie könnten es beispielsweise einrichten, dass Sie sich jeden Freitag für eine oder zwei Stunden mit Ihrem Partner, Freunden, Kind und Kegel in einer Bar oder einem Café treffen, um das Wochenende einzuläuten. Alles, was eine gewisse Regelmäßigkeit hat, tut Ihnen und vor allem Ihrer Partnerschaft gut.

- Schützen Sie sich vor den Ansprüchen »außerfamiliärer Wesen«: In einer Art vorauseilendem Gehorsam erahnen wir schon im Vorfeld, was andere – Freunde oder Verwandtschaft – für Wünsche und Pläne mit uns haben. Wir haben oft ein schlechtes Gewissen, wenn wir uns darüber hinwegsetzen wollen oder müssen. Sie und Ihre Beziehung haben das Recht auf Ihre eigenen Ansprüche. Wenn beispielsweise Ihre Eltern oder irgendwelche entfernteren Freunde sagen »Ihr habt doch am Wochenende sowieso nichts vor!«, dann machen Sie ihnen klar, dass Sie einfach mal miteinander allein sein wollen. Sie müssen nicht die Verantwortung für entfernt bekannte Singles, alleinstehende Tanten oder liebeskranke Kolleginnen übernehmen. Über Ihre Erholungszeiten verfügen Sie so, dass Sie sich erholen, nicht nur die anderen.

- Schöpfen Sie Kraft aus den Rhythmen der Natur. Gehen Sie so oft wie möglich gemeinsam an die frische Luft und in die Natur. Versuchen Sie, die schönen Seiten der unterschiedlichen Jahreszeiten bewusst wahrzunehmen und gemeinsam zu genießen. Wer einen Garten oder einen Balkon hat, kann das Wachsen und Gedeihen von Pflanzen- und Tierwelt beobachten.

Dankbarkeit verhilft Ihnen zur Zufriedenheit

Um mit heruntergeschraubten Erwartungen und gemäßigten Ansprüchen an sich selbst, das Leben und die Liebe besser klar zu kommen, empfiehlt Barry Schwartz, »die innere Dankbarkeit zu kultivieren«. Dankbarkeit für das Leben und all seine schönen Gaben relativiert Haben und Sein. Halbherzigkeiten und Hintertürchen können sich nicht mehr in Ihr Denken einschleichen, wenn Sie dankbar sind. Sie können Ihrer subjektiven Erfahrung einen sehr viel positiveren Charakter verleihen, indem Sie bewusste Anstrengungen unternehmen, häufiger bewusst dankbar zu sein. Damit laden Sie Liebe und Glücksgefühle ein, sich bei Ihnen heimisch zu machen. Richten Sie Ihren Blick auf das Positive Ihrer derzeitigen Lebenssituation und der damit verbundenen Entscheidungen.

Vielleicht müssen Sie es noch etwas üben, dankbar zu

sein, denn alte Gewohnheiten führen ein zähes Eigenleben. Probieren Sie es einmal so: Schreiben Sie jeden Abend fünf Dinge auf, die am Tag passiert sind und für die Sie dankbar sind. Denken Sie dabei nicht nur an die großen Ereignisse, sondern auch an die kleinen Glücksmomente, die Ihnen zuteil wurden – etwa das Lächeln des Nachbarkindes, das Schnurren Ihres Kätzchens, der Sonnenaufgang, die gerade aufgeblühte Rose in Ihrem Garten, die nette Geste der sonst garstigen Kollegin. Genießen Sie diese kleinen Momente.

Wenn Sie sich über große Ereignisse freuen – wie etwa den Umzug in eine neue Wohnung oder den Kauf eines besonderen Kleidungsstückes, dann denken Sie bitte daran, dass auch dieses Glücksgefühl nur eine bestimmte Weile lang anhält. Hadern Sie nicht mit Ihrem Schicksal, wenn es allmählich nachlässt. Gerade bei der Einschätzung dessen, was uns glücklich macht, liegen wir oft ziemlich daneben. Wir überschätzen das Anhalten großer Gefühle und denken, dass wir nur mit ihnen glücklich sein können. Dabei übersehen wir den Sonnenstahl auf unserem Tisch.

Am Ende werden Sie feststellen, dass Sie sich immer mehr über Dinge freuen und für diese dankbar sein können. Denn viele gute Dinge sind uns so selbstverständlich geworden, dass wir sie gar nicht mehr bemerken. Seien Sie dankbar für das »normale Glück« – etwa wenn aus Ihrer Zufriedenheit Wohlbehagen wird. Ein wichtiger Glücksfaktor heißt Achtsamkeit dem Leben gegenüber. Sehen Sie jeden Tag als Geschenk. Seien Sie dankbar, morgens erwachen zu dürfen.

Viele Menschen sind eher unzufriedene Nörgler oder notorische Pessimisten. Sie richten ihren Blick fast ausschließlich auf die Schattenseiten des Lebens, auf das, was sie nicht haben, auf das, was besser sein könnte, auf den Stress, die Unzulänglichkeiten, das Materielle, die Fehlschläge, Kümmer- und Ärgernisse. Sie werden vielleicht schmunzeln, aber über 90 Prozent aller Lottogewinner beklagen sich einige Zeit nach dem Gewinn darüber, dass das Geld ihr Leben ruiniert habe. Das, was uns als großer Gewinn an Lebensqualität erscheint, ist also offenbar gar keiner.

Insgesamt schenken wir den Zuwendungen und Aufmerksamkeiten, die wir täglich von allen Seiten erfahren, viel zu wenig Augenmerk. Die Dienstleistungen, die Kellner, Verkäuferinnen, Bäcker, Postboten oder Kollegen für uns erbringen, die liebevollen Aufmerksamkeiten von Freunden sind uns zur Selbstverständlichkeit geworden, die wir meist ohne ein Wort der Dankbarkeit annehmen. Auch die kleinen Gesten, die uns Liebe oder Achtung signalisieren, prallen vielfach an uns ab. Wir meinen oft, nicht einmal die Zeit zu haben, sie überhaupt richtig zu bemerken, weil wir uns von scheinbar wesentlich wichtigeren Dingen nicht ablenken lassen wollen. Nicht minder ignorant verhalten wir uns gegenüber den Wundern des Lebens und der Natur. Wir sehen sie viel zu selten bewusst, als dass wir sie als ein Geschenk der Schöpfung wahrnehmen.

Dankbarkeit erschöpft sich jedoch nicht in einem schnellen »Danke« für ein materielles Geschenk. Überhaupt hat dieses Gefühl wenig bis nichts mit materiellen Dingen zu tun. Was echte Dankbarkeit ausmacht und wie wichtig sie für das seelische Gleichgewicht und die Gesundheit ist, das bleibt vielen Menschen verborgen. Doch Psychologie und Medizin kommen mehr und mehr dahinter, dass wir diese Ressource für unsere Gesundheit und unsere Lebenszufriedenheit mobilisieren müssen. Sie kann uns vor Enttäuschungen und Verbitterung schützen und die unvermeidbaren Nackenschläge des Lebens »abpolstern«.

Dankbarkeit vermehrt sich im Schneeballsystem

Dankbare Menschen sind an Äußerlichkeiten und materiellen Gütern weniger interessiert. Sie können anderen Menschen etwas gönnen. Deshalb haben sie oft auch die tieferen Beziehungen zu Freunden und Familie. Das wirkt sich wiederum in weiteren Liebesbeweisen aus. Je mehr wir lernen, dankbar zu sein, desto häufiger sind wir dankbar – einfach weil wir mehr sehen, wofür wir dankbar sein könnten. Insofern ist Dankbarkeit ein Gefühl, das sich im Schneeballsystem selbst vermehrt.

Dankbarkeit ist wichtig, um unser menschliches Miteinander zu verzahnen. Sie ist ein Barometer für die Qualität von Beziehungen, die sich verbessern, wenn sie gepflegt werden. So macht sie sozial: Wenn einem Gutes widerfährt und man dies auch so empfindet, achtet man mehr auf andere. Sie verstärkt gute Taten, denn dankbare Menschen möchten sich gern erkenntlich zeigen und andere teilhaben lassen.

Manchen Menschen fällt es trotz allem schwer, sich mit dem Gefühl der Dankbarkeit anzufreunden. Wer zu stark um das eigene Ego kreist und ein besonders starkes Bedürfnis nach Anerkennung hat, wer sich stets mit anderen vergleicht, neigt eher zu Neidgefühlen als zur Dankbarkeit für das, was er hat. Solche Menschen glauben eher, dass die Welt ihnen etwas schuldig sei – wofür auch immer –, dass ihnen irgendetwas zustünde oder dass sie bestimmte Rechte hätten. Gutmütigkeit und Freundlichkeit gelten als Dummheit und werden entsprechend ausgenutzt. Der undankbare Mensch konzentriert sich auf das, was er nicht hat und wovon ein anderer vermeintlich mehr hat. Damit vergiftet er sich selbst und seine Umwelt.

Natürlich kann niemand verlangen, dass Sie in Jubel ausbrechen, wenn Ihnen Leid und Ungerechtigkeit widerfahren. Doch positiv gestimmten Menschen gelingt es besser, nach einer Weile zu erkennen, dass auch in negativen Ereignissen Chancen schlummern. Dazu passt das Motto des Psychoanalytikers Carl Gustav Jung, der bei tragischen Ereignissen zu sagen pflegte: »Lasst uns eine Flasche Wein aufmachen. Daraus wird etwas Gutes entstehen.«

Schulen Sie Ihren Sinn für Dankbarkeit

»Indem Sie Ihre Dankbarkeit für das Gute in Ihrer Vergangenheit vergrößern, intensivieren Sie positive Erinnerungen, und indem Sie lernen, wie man vergangene Übeltaten vergibt, entgiften Sie jede Bitterkeit, die Zufriedenheit unmöglich macht … Sie sind sich all des Guten, das Sie bekommen haben, bewusst, und Sie halten es nie für selbstverständlich. Sie nehmen sich immer die Zeit, Ihren Dank auszudrücken. Dank heißt, den vortrefflichen moralischen Charakter eines anderen Menschen zu würdigen. Als Emotion zeigt sich dies in einem Sinn für Staunen, Dankbarkeit und Bewunderung des Lebens an sich. Wir sind dankbar, wenn Menschen uns etwas Gutes tun, aber in einem anderen Sinne können wir auch Dankbarkeit für gute Taten und gute Menschen generell empfinden: ›Wie wunderbar ist das Leben, weil du auf der Welt bist.‹ Dankbarkeit kann sich auch auf etwas Unpersönliches richten – auf Gott, auf die Natur, auf Tiere …«, erklärt Martin E. P. Seligmann, der Begründer der Positiven Psychologie.

Als erste Anhaltspunkte zum Nachdenken über die eigene Dankbarkeit nehmen Sie sich folgende Aussagen vor, bei denen Sie den Grad Ihrer Zustimmung überlegen sollen:

- Ich habe sehr viel im Leben, für das ich dankbar bin.
- Wenn ich alles, wofür ich mich dankbar gefühlt habe, auflisten sollte, würde das eine sehr lange Liste ergeben.
- Wenn ich mir die Welt ansehe, erkenne ich nicht viel, wofür ich dankbar sein kann.
- Ich bin einer großen Anzahl von Menschen dankbar.
- Je älter ich werde, desto mehr erkenne ich, dass ich besser in der Lage bin, die Menschen, die Ereignisse und die Situationen zu würdigen, die Teil meiner Lebensgeschichte gewesen sind.
- Es kann sehr viel Zeit vergehen, bevor ich für jemanden oder etwas Dankbarkeit verspüre.
- Ich danke immer, auch für Kleinigkeiten.

- Ich halte selten inne und mache mir klar, was mir an Gutem widerfahren ist.

Der buddhistische Weg der Dankbarkeit

Einen Weg, Dankbarkeit zu empfinden, die sich aus der Gewissheit nährt, dass das Leben und das, was uns von den anderen fortwährend gegeben wird, außerordentliche Geschenke sind, eröffnet die Methode des Naikan. Der Begriff stammt aus dem Japanischen und bedeutet »nach innen schauen«. Die Selbstüberprüfung des Naikan basiert vor allem auf drei Fragen:

- Was habe ich (von den Menschen in meinem Leben) bekommen?
- Was habe ich gegeben?
- Welche Probleme und Schwierigkeiten habe ich bereitet?

Mit der ehrlichen Beantwortung dieser drei Fragen können Sie alle Beziehungen prüfen, bestimmte Zeitabschnitte Ihres Lebens unter die Lupe nehmen, Tage oder einzelne Ereignisse analysieren. Sie bekommen eine realistische Sicht Ihres eigenen Verhaltens in Bezug auf Geben und Nehmen. Es ist nicht angenehm, wenn wir erkennen müssen, an welchen Punkten wir selbst anderen Unrecht getan haben, wo wir vielleicht sehr undankbar waren. Doch nur die schonungslose Selbstüberprüfung lehrt uns die Wertschätzung des Lebens.

Jaï

Leiden Sie womöglich unter »Aufschieberitis«?

Ihnen ist klar geworden, dass Sie etwas an Ihrem Verhalten, Ihren Ansprüchen und Erwartungen ändern wollen? Weniger Ihrem Perfektionismus frönen und Ihrem Partner mehr Zeit zuwenden wollen? Das heißt jedoch nicht zwangsläufig, dass Ihnen das auch gleich gelingt. Es kann durchaus sein, dass Sie noch eine Weile als »Geisterfahrerin« in die verkehrte Richtung Ihres Lebens fahren. Vor allem dann nämlich, wenn Sie unter »Aufschieberitis« leiden, weil Sie Ihre Halbherzigkeiten und Hintertürchen nicht wirklich loswerden wollen. Die »Aufschieberitis« hat sich als eine wesentliche Liebes- und Glücksbremse erwiesen, deswegen sollten Sie ihr entschieden den Kampf ansagen.

Manche Frauen schieben eine neue Weichenstellung in ihrem Lieben sogar über Jahre vor sich her. Sie verhandeln mit sich – und möglicherweise auch mit dem Partner – halbherzig, lassen sich auf faule Kompromisse ein und halten sich immer noch ein Hintertürchen offen, nur um sich der Situation nicht wirklich stellen zu müssen. Wir alle kennen Sätze, die anfangen mit: »Ich kann jetzt nicht, ich muss noch …« Und dann folgt die übliche Litanei dessen, was wir vor das Glück stellen: den Herd putzen, die Wäsche einräumen, Oma anrufen, den Lottoschein abgeben … Die Liste lässt sich endlos fortsetzen – es ist die Liste unserer inneren »Glücksbremsen«. Wir schieben das »Eigentliche«, das Erleben des Augenblicks, das Auskosten der ganzen Lebensfülle so lange auf, bis die Chance vorbei ist und wir müde vom Erledigen der Pflichten ins Bett fallen. Frustriert, leer. Wieder

mal nur funktioniert und nicht gelebt. Und warum? Weil wir meinen, wir müssen es uns erst verdienen, glücklich zu sein. Erst wenn … Oma tot ist, die Kinder aus dem Haus sind, die Lebensversicherung ausgezahlt wird, die Wohnung abbezahlt ist, dann … Ja was dann?
Vielleicht ist Ihnen die Lust bis dahin längst vergangen. Leben können Sie immer nur jetzt. Wenn Sie einmal spontan eine Arbeit liegen gelassen haben, um mit dem Liebsten einen Spaziergang zu machen, dann wissen Sie spätestens beim Nach-Hause-kommen, wie richtig es war. Wenn Sie mit Halbherzigkeiten und Hinhalten die Zeit totschlagen, entfernt sich Ihr Leben und unter Umständen auch Ihre Liebe. Sie werden mit jeder Sekunde älter. Sie haben ebenso wie Ihr Partner nur ein einziges Leben – jedenfalls in diesem Leben.

Laden Sie das Lieben ein, bei Ihnen Einzug zu halten

Viele von uns leben eher in der Vergangenheit als in der Gegenwart. Das Klammern an frühere Zeiten zeigt sich durch Satzanfänge wie »Als meine Eltern noch lebten …« – oder »In meiner Kindheit …« oder »Als ich vor zehn Jahren …«. Auch das ewige Erwähnen von alten Beziehungen und Liebschaften – »XY hat das immer so gemacht« – hält einen Menschen in der Vergangenheit fest. An der Art, wie die Sätze gesprochen werden, spürt man deutlich, dass solche Menschen gefühlsmäßig sehr stark mit ihrer Vergangenheit verbunden sind. Manchmal blättern sie dazu noch in Fotoalben oder kramen alte Videos hervor, um in Erinnerungen zu schwelgen.

Doch das Festhalten an Vergangenem verhindert den Aufbruch in das gegenwärtige Leben, wer seine Aufmerksamkeit auf etwas Vergangenes richtet, konzentriert auch seine Gedankenkräfte darauf und lädt diesen Bereich mit Lebensenergie auf. Damit wird die Vergangenheit lebendig, während das gegenwärtige Leben so schwach ist, dass man kaum noch Kraft übrig hat, um Wünsche oder Projekte zu realisieren oder etwas Wichtiges zu bewegen.
Machen Sie sich bewusst, wie hemmend sich das Klammern an Vergangenes auf Ihre Liebe auswirkt. Sie können an dem, was einmal war, nichts mehr ändern, auch wenn Sie sich stundenlang den Kopf darüber zermartern, welche Fehler Sie irgendwann mal begangen haben und was Sie heute anders machen würden. Festhalten am Vergangenen ist nutzlos und vergeudet die Kraft, die Sie für Ihr jetziges Glück brauchen.
Viele Menschen denken aber auch, sie seien schon zu alt, um an Lieben und Leben etwas zu verändern. Sie meinen, sie müssten erwachsen, vernünftig oder solide sein. Aber damit opfern sie einen Teil ihrer Fähigkeit, das Lieben zu spüren. Die Fähigkeit zum Glück besitzen nur Menschen, die lebendig bleiben, neugierig und mutig genug, auch mal auf »Konventionen zu pfeifen«. Wer das Kind in sich »zur Vernunft bringt«, wechselt irgendwann vom Risikoverhalten zum Sicherheitsdenken, von der Flexibilität zur Bequemlichkeit, vom Lust- zum Vernunftsverhalten, von der Spontaneität zur Verbindlichkeit, von der Entwicklung zur Stagnation. Sind Sie wirklich bereit, diesen hohen Preis dafür zu zahlen? Er besteht aus unerfreulichen Lebensjahren und dem Gefühl, nie richtig gelebt zu haben.

Erfüllung – Was bedeutet das für Sie?

1 Leben im Hier und Heute, denn es ist später als man denk Könnte das auch Ihr Lebensmotto sein?

A Ja, man soll jeden Tag nutzen.

B Das ist mir nicht spektakulär genug.

C Ich plane lieber schon etwas im Voraus.

2 Wo würden Sie Ihren Liebsten oder Ihre beste Freundin am eh ten treffen wollen?

A in einem beschaulichen Örtchen in der Toskana

B an einem exotischen Ort in Thailand

C im aufregenden New York

3 Sie sollen innerhalb Ihres Unternehmens für eine Weile an ein anderen Ort versetzt werden und haben bei der Auswahl des Or Mitsprache-Recht. Wohin würde es Sie am meisten ziehen?

A in das beschauliche Dorf, in dem das Unternehmen gegründet wurde

B an den exotischen Ort in Asien, wo jetzt ein neues Geschäft aufgebaut wird

C in die große Weltstadt, wo jetzt die Unternehmenszentrale ist

4 Bei einem Preisausschreiben haben Sie eine Abenteuerreise g wonnen. Wie reagieren Sie?

A Ich sehne mich nach einer Zeit des Abschaltens weit weg von zu Hause.

B Ich kann den Abreisetag kaum erwarten.

C Ich freue mich zwar, aber eigentlich ist mir die Reise zu riskant.

Welcher Genuss erfüllt Sie ganz besonders?

ein edles Abendessen daheim mit Kerzenschein und Champagner

ein ausgesuchtes Menü in einem Sterne-Restaurant mit einer besonders aufmerksamen Bedienung

ein Essen mit Geschäftspartnern, bei dem ich die wichtigste Rolle spiele

Nehmen wir einmal an, Sie hätten auf einer Dienstreise einen len Mann kennengelernt. Leider entspricht er im Bett nicht Ihrem ıummann. Was nun?

Ich lasse ihm Zeit und mache ihn peu à peu mit meinen Erwartungen vertraut.

Ich verführe ihn nach Strich und Faden, um ihn herauszulocken.

Ich lasse ihn gehen und schaue mich nach etwas anderem um.

Nehmen Sie mit, was Sie kriegen können?

Ich erfreue mich an den vielen kleinen Dingen des Lebens.

Ich kann zurückstecken, passe aber im Normalfall auch auf, dass ich nicht betrogen werden.

Mein Motto ist: Wenn jeder an sich denkt, ist an alle gedacht.

Wenn Sie den Garten neu gestalten und dafür ausgeben könnten, s Sie wollten, wie würde der Garten Ihrer Träume aussehen?

Ich würde einen Naturpark mit vielen Blumen, Gräsern, Büschen und Bäumen anlegen und ihn verwildern lassen. Tiere kämen dann von allein hinein.

Ich würde mir eher einen Obstgarten anlegen mit einer Wiese, viel Grün und bunten Wiesenblumen, dazwischen lägen Tiger und hüpften Kängurus herum.

Ich würde mir einen exotischen Blumengarten anlegen mit Orchideen, Magnolien und Hibiskus. Dazu fände ich Bären und Elefanten toll.

Wenn Sie ein Kätzchen wären, was wäre wohl Ihre Lieblingsbeäftigung?

selig zu schlummern, mich zu recken und zu strecken

durch die Gegend zu streifen und alles zu erkunden

majestätisch herumzuliegen und alles zu beobachten

10 *Womit verbinden Sie das Fliegen?*

A mit grenzenloser Freiheit

B mit Abstand von Kleinigkeiten

C mit einer bequemen Möglichkeit, von einem Ort zum anderen zu kommen

11 *Einmal angenommen, Sie hätten in letzter Zeit etwas zu- nommen, wie würden Sie damit umgehen?*

A Um es mit Garfield zu sagen: Ich bin nicht zu dick, nur untergroß.

B Bei Frauen kommt das halt vor, sie haben mehr Probleme damit, ihr Gewicht zu halten.

C Ich wäre ziemlich sauer und würde nicht eher ruhen, bis die Pfunde wieder fort wären.

12 *Was bedeutet Geld für Sie?*

A Ich achte auf ein ausgewogenes Verhältnis zwischen dem, was ich mir gönn will, und dem, was ich auf die hohe Kante lege.

B Was ich habe, kommt unters Volk.

C Ich lege mein Geld gut an und lasse es für mich arbeiten.

Auswertung

Zählen Sie nun nach, welcher Buchstabe bei Ihren Antworten am häufigsten auftaucht:

Typ A:

Sie strahlen eine innere Harmonie aus, treten sehr bescheiden auf und verfügen über die große Gabe, sich an den kleinen, aber schönen Dingen des Lebens zu erfreuen. Das ist aber kein vorauseilendes Sich-selbst-Zurückstellen, sondern ein untrügliches Zeichen Ihrer inneren Ausgeglichenheit. So verschafft Ihnen der Anblick des ersten Schneeglöckchens im Jahr mehr Glücksgefühle als es ein Sechser im Lotto je tun würde. Laute Partys, superwichtige Leute, exotische Urlaubsabenteuer, Hummer und Kaviar geben Ihnen nicht viel. Sie lieben die Natur und halten sich gerne draußen auf, freuen sich über ein anregendes Gespräch. Sie kultivieren Ihr Gespür für Nuancen, der Zauber der Feinheiten macht Sie glücklich. Was auch immer Sie tun, Sie genießen es. So entspannt ist auch Ihr Verhältnis zum Geld. Sie brauchen den großen Konsum nicht, weil Sie Ihre Befriedigung aus den kleinen Dingen des Lebens ziehen. Sie treten eher bescheiden auf. Trotzdem gönnen Sie sich hin und wieder richtig etwas, was Sie sich schon länger wünschen. Ihre Beziehung zu anderen Menschen ist ehrlich und aufrichtig.

B:

Mit Ihrem überschäumenden Temperament sind sie ständig auf der Suche nach neuen Reizen. Sie brauchen den Kitzel des Abenteuers. Am liebsten ist es Ihnen, wenn alles immer vom Feinsten ist und so exotisch wie möglich. Sie lieben es, aus dem Vollen zu schöpfen. Sie sind voll im Action- und Konsumrausch. Sie »konsumieren« auch Bekanntschaften und lieben es, im Mittelpunkt zu stehen. Dabei schließen Sie nie wirklich Freundschaften. Sie jagen atemlos von Höhepunkt zu Höhepunkt, ohne wirklich etwas wahrzunehmen. Es wäre ratsam, einmal inne zu halten und sich zu überlegen, ob Sie das wirklich alles brauchen, was Sie haben oder haben wollen. Worauf könnten Sie verzichten, um andere Dinge tiefer und intensiver genießen zu können?

C:

Einfach in den Tag hinein zu leben, das käme für Sie gar nicht in Frage. Sie sind ein Mensch, der gerne plant. Ihr Tagesplan gibt Ihnen Halt und Sicherheit. Ihre Pflichten und Aufgaben vernachlässigen Sie so gut wie nie. Und sich einmal selbst zu verwöhnen – das empfinden Sie nicht nur als Zeit-, sondern auch als Geldverschwendung. Müßiggang ist aller Laster Anfang, finden Sie. Sie gehen sehr planvoll mit Ihrem Geld um und sorgen auch dafür, dass es sich vermehrt. Sie gehen schon gern einmal essen, aber am liebsten auf Einladung von anderen. Richtig entspannen können Sie sich dabei aber auch nicht, denn Sie sind ständig damit beschäftigt, das Für und Wider der jeweiligen Situation zu überdenken. Sie sollten lernen, etwas mehr loszulassen, damit Sie auch die schönen Seiten des Lebens genießen können. Das gilt auch für Ihre Beziehungen. Müßiggang ist aller Entspannung Anfang! Und die brauchen Sie als Ausgleich für Ihren durchgeplanten Alltag.

5. *Erfolgsgeheimnis*

Machen Sie das Beste aus Kränkungen und Rachsucht

Fünf Minuten für die *Liebe*

Öffnen Sie Ihr Herz für Versöhnlichkeit

Grübeln Sie häufig über Verletzungen nach, die Ihnen andere zugefügt haben? Über wunde Punkte und Kränkungen? Hegen Sie Groll gegen andere? Reicht manchmal schon die Erwähnung eines Namens oder Ereignisses aus der Vergangenheit aus, um Sie aus der Fassung zu bringen? Gibt es Menschen, auf die Sie nachhaltig sauer sind? Schauen Sie oft im Zorn zurück auf Ihre Vergangenheit?

Machen Sie sich eine Liste der Menschen, denen Sie unversöhnlich gegenüberstehen, denen Sie ihre »Missetaten« noch nicht vergeben haben. Nehmen Sie sich die Zeit, sich jeden Einzelnen vorzunehmen und ihm oder ihr einen Brief zu schreiben, in dem Sie aufdröseln, warum Sie das Ereignis oder die Bemerkung so gekränkt hat, welche Gefühle Sie dabei empfunden haben, warum Sie verbittert sind und Ihren Groll noch nicht loslassen können. Diese Briefe schicken Sie nicht ab, sondern trennen Sie sich von ihnen mit einem reinigenden Ritual – indem Sie sie verbrennen, vergraben oder an einem Luftballon wegfliegen lassen. Verabschieden Sie sich dabei auch von Ihrer Unversöhnlichkeit und wenden Sie sich Ihrer Zukunft zu. Auf diese Weise können Sie sich auch von Selbstvorwürfen befreien, wenn Sie jemanden gekränkt oder verletzt haben.

Alle Ihre Erfahrungen sind wertvoll, wenn Sie etwas daraus lernen und keine Verbitterung aufkommen lassen.

Kappen Sie Ihre Beziehung zur »beleidigten Leberwurst«

Gehören Sie zu denen, die immer gleich einschnappen, wenn ihnen etwa nicht passt oder sie sich ungerecht behandelt fühlen? Liegen Sie hin und wieder sogar auf der Lauer, um sich als »beleidigte Leberwurst« abzureagieren, wenn Sie irgendetwas oder -jemand geärgert hat? Ist Schnappi, das kleine Krokodil vom Nil, das immer schnappen muss, womöglich Ihr inneres Wappentier? Schmieden Sie schnell Rachegefühle, wenn Sie jemand kränkt oder Ihnen einen »Knüppel zwischen die Beine« geworfen hat? Denken Sie oft daran, es jemand anderem mal ordentlich heimzuzahlen, wenn er Ihnen zu nahe getreten ist? Können Sie grün vor Neid werden, wenn Ihre beste Freundin im neuen Cabrio um die Ecke braust und Sie noch immer auf dem alten Hollandfahrrad sitzen? Sucht Sie manchmal rasende Eifersucht heim, wenn Ihr Liebster seine neue Kollegin über den grünen Klee lobt oder auf dem Sommerfest die neue Nachbarin auf das Heftigste »anschleimt«? Gehen Sie hoch wie eine Rakete, wenn Ihr Chef Sie rügt, weil Sie im Stress mal wieder Salz statt Zucker in seinen Kaffee geschüttet haben?

Herzlichen Glückwunsch! Sie haben wirklich Temperament! Doch sind Sie offenbar mit einer Reihe von Eigenschaften gesegnet, die Ihren erfüllten Beziehungen zu anderen Menschen im Wege stehen können. Natürlich ist es auch möglich, dass eine Freundin, eine Kollegin, Ihr Partner oder ein Familienmitglied diese Eigenschaften an den Tag legen und dies Ihrer gemeinsamen Beziehung nicht dienlich ist.

Kommen wir also gemeinsam diesen wunden Punkten auf die Spur, damit sie Ihnen künftig nicht mehr im Wege stehen.

Schauen wir uns erst einmal die »beleidigte Leberwurst« an: Wer immer gleich gekränkt ist, fühlt sich im Grunde seines Herzens nicht wirklich geliebt und nicht anerkannt. Meist handelt es sich um sehr unsichere Menschen, die sich viele Dinge zu Herzen nehmen, die andere nicht einmal bemerken. Sie fühlen sich schnell persönlich angegriffen – auch bei Bemerkungen, die gar nicht auf sie als Person gemünzt sind. Sie empfinden die meisten Bemerkungen anderer Menschen als negativ und gegen sich gerichtet. Es reicht ihnen bereits ein herunter gezogener Mundwinkel, eine hoch gezogene Augenbraue, eine gekräuselte Nase oder ein kritischer Blick, und schon schnappen sie einfach ein. Stellen Sie sich eine Wunde vor, die noch nicht richtig ausgeheilt ist, ein kleiner Stoß, ein kleiner Stich und schon nässt und blutet sie wieder. So verhält es sich auch mit dem Gekränktsein.

Menschen, die so reagieren, leiden meist unter einem angeknacksten Selbstwertgefühl. Und sie haben Probleme mit ihrer Erwartungshaltung. Sie erwarten nämlich, dass alles nach ihrer Nase läuft, und wenn das nicht der Fall ist, laufen sie selbst aus dem Ruder. Sie sehen nicht ihre eigenen unrealistischen Ansprüche als Ursache dieses Gefühls »Ich bin nichts wert«, sondern geben den anderen die Schuld. Gekränkt fragen sie sich dann: »Wie kann XY mir das antun?«. Die Psychologin Bärbel Wadetzki hat die Erfahrung gemacht, dass auch zu hohe Erwartungen an die eigene Person – wie im Falle der Perfektionistin – das Gefühl der Kränkung nach sich ziehen können: »Wir können uns selbst kränken, indem wir uns den eigenen Wert absprechen. Wenn ich das Gefühl habe, ich müsste eigentlich ganz anders sein, als ich bin, oder ich müsste hier oder dort besser sein, und erreiche das nicht, dann kränke ich mich selbst.« Bei Frauen mündet dieses Kränkungsgefühl, wenn es nicht aufgefangen wird, nicht selten in Depressionen und Selbstverletzung, während Männer eher dazu neigen, es nach außen gegen andere Menschen zu richten. Wenn man die vielen Berichte über Beziehungstaten in der Presse verfolgt, kann man zu dem Eindruck gelangen, dass der Ehemann oder Partner der gefährlichste Mann für eine Frau ist ... wenn sie sich von ihm trennt und er sich gekränkt fühlt.

Wenn Sie das Gefühl haben, dass Sie oder jemand, mit dem Sie eine Beziehung pflegen, immer wieder an der gleichen Stelle beleidigt ist oder hochgeht, wenn ein scheinbar nichtiger Anlass zu einer unangemessen heftigen Reaktion führt, dann sind Sie einem wunden Punkt auf die Schliche gekommen. Meist stammt dieser aus der Kindheit, wenn das Kind Verlassenheitsängste nicht auflösen konnte, nicht verstanden oder genügend geliebt oder in seiner bedingungslosen Liebe zu seinen Eltern gekränkt wurde. Aber auch in anderen Lebensphasen oder früheren Beziehungen kann sich dieses unbewusste Gefühl der tiefen Verletzung einschleichen, das dazu führt, dass derjenige sich in seinem Wert als Mensch gekränkt fühlt.

Eine Kränkung ist – wie es Bärbel Wardetzki bildhaft treffend formuliert hat – eine »Ohrfeige für die Seele«. Sie kann die Wiege für Gefühle wie Rachsucht, Neid, übersteigerte Eifersucht, Verbitterung oder Selbstmit-

leid sein. Doch wie damit umgehen? Die Psychologin rät, sich real oder in Gedanken mit der kränkenden oder gekränkten Person an einen Tisch zu setzen und über die wahren Gefühle zu sprechen, die einen heimsuchen: Ohnmacht, Schmerz, Verzweiflung, Angst, Wut, Trauer, Scham, Sehnsucht nach Liebe. Schildern Sie, wie es Ihnen geht. Fragen Sie, was eigentlich wirklich passiert ist. Warum ist es an dieser Stelle passiert? Sie können Ihre Gedanken dazu auch aufschreiben. Wenn Sie Ihre alten Verletzungen ausmachen können, gelingt es Ihnen zu erkennen, warum bestimmte Dinge Sie immer wieder im gleichen Maß kränken und Sie daran hindern, sie mit einem gewissen Abstand zu betrachten. So können Sie diesen Mechanismus umgehen und sich von ihm nicht mehr behindern lassen. Wichtig ist, dass Menschen, die schnell gekränkt sind, auch gezielt etwas für ihr Selbstwertgefühl tun.
Diese Schritte helfen Ihnen, die Beziehung zur »beleidigten Leberwurst« in sich zu kappen:

- Gestehen Sie sich ein, wenn Sie sich gekränkt, abgelehnt, zurückgestoßen fühlen.
- Treten Sie real oder im Geiste aus der Situation heraus, gewinnen Sie Abstand und betrachten die Angelegenheit einmal von außen. Betrachten Sie sie aus unterschiedlichen Blickwinkeln, schauen Sie dabei auch einmal durch die Brille Ihres kränkenden Zeitgenossen.
- Versuchen Sie, Ihre Gefühle zu erspüren. Welches Ihrer Bedürfnisse wurde nicht befriedigt? Was war wirklich so schlimm an der Kränkung? Je mehr Sie von Ihren

wunden Punkten wissen, umso größer sind Ihre Chancen, der Kränkungsgefühle Herr zu werden.

- Gehen Sie hinaus an die frische Luft, atmen Sie tief durch, bewegen Sie sich. Das ist der effektivste Weg, akut mit Spannungen umzugehen.
- Akzeptieren Sie, dass Sie so sind, wie Sie sind, und verlangen Sie nichts Unmögliches von sich. Auch Ihre Verletzungen gehören zu Ihnen.
- Machen Sie sich klar, dass Sie kein Opfer sind. Sie haben jederzeit die Möglichkeit zu entscheiden, wie Sie auf eine Kränkung reagieren wollen, Sie können den Kreislauf zwischen Kränkung und Gekränktsein bewusst unterbrechen.
- Legen Sie nicht jedes Wort auf die Waagschale. Nicht jeder Schuh, den Sie sich anziehen, gehört Ihnen auch. Denken Sie lieber darüber nach, ob die Äußerungen oder Taten nicht eher auf Probleme Ihres Gegenübers zurückzuführen sind. Er oder sie kann aus 1001 Gründen übellaunig sein, vielleicht trinkt die Ehefrau heimlich, womöglich wünscht sich die Kollegin ein Kind und bekommt es nicht, vielleicht gibt es Geldsorgen oder Kummer wegen eines schwer erziehbaren Kindes. Alles ist möglich – aber nicht Ihre Sache.
- Möglich ist auch diese Version: Sie haben demjenigen Menschen, von dem Sie sich gekränkt fühlen, eine grandiose »Steilvorlage« dafür geliefert. Gestehen Sie sich ein, wenn Sie selbst einen erheblichen Anteil daran hatten, wie Sie sich jetzt fühlen.

Verbieten Sie sich, destruktiv mit Kränkungen umzugehen und womöglich Ihren Rachegelüsten nachzugeben. Sie setzen damit eine Beziehung aufs Spiel, die Ihnen möglicherweise viel bedeutet.

Versuchen Sie es einmal mit Humor. Wenn Sie über sich lachen können, entspannt sich Ihr Inneres, und der Raum für Kränkungsgefühle wird kleiner.

Rache ist nichts für Feinschmecker

Rachegefühle spielen natürlich ebenfalls eine tragende Rolle in unseren zwischenmenschlichen Beziehungen. Die meisten Rachepläne werden wohl geschmiedet, wenn es darum geht, dem Ex und/oder seiner neuen Freundin eins auszuwischen. Oder: der intriganten, mobbenden Kollegin mal so richtig »heimzuleuchten«, es der Schwester heimzuzahlen, dass sie neulich das geliehene Kleid ruiniert hat, den Chef bei der Steuer anzuschwärzen, weil er die Gehaltserhöhung nicht genehmigt hat. Die Welt ist voller Anlässe für Hasstiraden und Rachegelüste.
Rachegefühle sind eine Folge von Kränkung, eine mögliche Art, sich gegen vermeintlich oder wirklich erlittenes Unrecht zur Wehr zu setzen. Das ist zwar verständlich, aber nicht wirklich gut für ein angeschlagenes Ego. Das Gefühl der Genugtuung ist kurz und schädlich. Und vor allen Dingen ist Rache völlig nutzlos. Mal ehrlich, was nützt es Ihnen persönlich, wenn Sie Ihren abtrünnigen Ex bei seinem Chef anschwärzen, ihm Rheumasalbe in die Unterhose schmieren oder einen alten

Käse in seinen Wanderschuhen versenken? Was haben Sie wirklich davon, wenn Sie dem Mann Ihrer untreuen Freundin von deren Seitensprung petzen, ihm raten, ihr schickes Auto bei eBay zu versteigern? Der verhassten Kollegin Spaghetti mit Pedigree-Pal-Sauce kochen? Nichts.

Dennoch lockt diese Form der zwischenmenschlichen »Aufarbeitung«. »Rache schmeckt sogar kalt genossen«, sagen ihre Anhänger und berufen sich auf das alttestamentarische Prinzip »Auge um Auge, Zahn um Zahn«. Sie kann von den kleinsten Gemeinheiten bis zu schlimmen Schädigungen führen. Sie gipfelt in der Blutrache, der Vendetta. Rache kann Leben kosten, Existenzen ruinieren und ganze Familien ausrotten.

Jedem Rachegefühl geht ein realer oder vermeintlicher Verlust voraus: die große Liebe, die Ehre, das Selbstwertgefühl, die allgemeine Anerkennung. Rache soll für Genugtuung und Gerechtigkeit sorgen, die Gewinn-Verlust-Bilanz ausgleichen und negative Emotionen wie Frust, Wut oder Empörung besänftigen. Wie stark der Wunsch nach Vergeltung ist, hängt von der Situation ab, wie schlimm die jeweilige Person ihren Schaden einschätzt und wie sehr sie an eine anderweitig ausgleichende Gerechtigkeit glaubt. Wer glaubt, Gott oder irgendeine Schicksalsmacht werde es schon richten und dem »Schädling« seine gerechte Strafe zukommen lassen, lebt besser und gelassener. Wer das Gefühl hat, den Nachteil ohne große Mühe wieder wettmachen zu können, den dürstet es selten danach, es dem anderen heimzahlen zu müssen. Auch wer stark nach christlichen Grundsätzen und dem Gebot der Nächstenliebe lebt oder wer sich humanistischen Werten verpflichtet fühlt, hat seine Rachegelüste meist besser unter Kontrolle.

Natürlich ist der Wunsch verständlich, jemanden für eine Kränkung zur Verantwortung ziehen zu wollen. Doch Ihr verletztes Ego hat letztlich mehr davon, wenn Sie etwas *für* sich selbst anstatt *gegen* den anderen tun. Stellen Sie sich den Übeltäter einfach klein und hilflos vor. Oder machen Sie es wie ich: Stellen Sie ihn sich halb nackt mit Baströckchen beim Ententanz vor – der in meiner Lieblingssprache Italienisch zudem noch lautmalerisch »Il Ballo della Quaquaqua« heißt und so schön kindlich-albern klingt.

Rache soll ja das Gefühl der Schwäche ausgleichen. Sie verringern die Überlegenheit Ihres Gegners für sich dadurch, indem Sie sich selbst größer machen. Vielleicht ist er wirklich nur ein Opfer seiner selbst? Wenn es trotzdem noch an Ihnen nagt, verschieben Sie Ihre Rache. Sagen Sie sich »Dafür ist auch später noch Zeit genug, wenn ich mich wieder besser fühle!« Wenn Sie sich dann wirklich besser fühlen, wird auch Ihre Lust dazu geschmolzen sein. Und: Tun Sie etwas für Ihr Selbstwertgefühl – siehe oben.

Wenn Sie dem »Mob« in die Hände fallen

Leider müssen wir uns noch mit einer ganz besonders üblen Form von Kränkungsversuchen befassen, die Beziehungen ziemlich abtötet: dem Mobben. Jede dritte berufstätige Frau leidet unter übler Nachrede und Schikane am Arbeitsplatz. Mehr als 1,5 Millionen Menschen sollen von Mobbing betroffen sein – etwa zwei Drittel davon Frauen. Dahinter verbergen sich kleine Sticheleien, Intrigen, üble Nachrede, öffentliche Anfeindungen, verdeckte und offene Diskriminierungen, das Verbreiten von Gerüchten, gezieltes Kaltstellen – ein Gemischtwarenladen von Kränkungen jeder Art. Mobbing – abgeleitet vom englischen »mob« für randalierenden Pöbel – zeichnet sich durch besondere Gemeinheit aus, denn die Ablehnung, der Neid, der Hass, die Eifersucht, die Konkurrenz – oder welche Gefühle auch immer einen Menschen dazu bewegen, einen anderen derartig zu quälen – werden nicht offen, sondern hinterrücks ausgetragen. Deswegen wird das Verspotten und Beleidigen am Anfang von den Betroffenen oft nicht registriert und von anderen nicht ernst genommen. Leider sind Frauen nicht nur Opfer, sondern sehr häufig auch Täterin.

Das Opfer soll geschwächt, ausgegrenzt und am besten fortgeekelt werden. Wer billigend in Kauf nimmt, dass eine Kollegin von anderen gemobbt wird, und nicht einschreitet, macht sich des »Mit-Mobbens« schuldig. Die Gemobbte findet nur selten Unterstützung im Kollegenkreis. Entweder mobben alle mit, oder die anderen sind klammheimlich heilfroh, dass es sie nicht selbst trifft. Die eigene Angst verstecken sie hinter Duckmäusertum oder Schulterklopfen nach der Devise: »Ist doch nicht so schlimm, kannst eh nichts machen! Da muss man durch!«.

In der Tat ist es sehr schwer, sich zu wehren. Es ist oft nur mühsam auszumachen, wie und warum alles angefangen hat, welche konkreten Vorfälle es waren. Außerdem weiß das Opfer ja auch nie, was hinter seinem Rücken an Gerüchten und Gemeinheiten herumgereicht wird. Wie will man sich gegen Lügen wehren, die man gar nicht kennt oder die unter die Gürtellinie zielen? Meist spüren die Opfer anfangs nur instinktiv, dass sich etwas verändert hat, dass plötzlich alles verstummt, wenn sie irgendwo auftauchen, dass sie gemieden werden und manche Kollegen sich richtiggehend verweigern. Viele leiden dann still vor sich hin und kommen gar nicht auf die Idee, sich jemandem anzuvertrauen. Es ist ja alles so wenig greifbar.

Die Mobber wollen das Selbstwertgefühl ihres Opfers schädigen und es vor anderen blamieren. Denn, wer sich schwach und allein gelassen fühlt, macht auch schnell mal Fehler. Und das ist dann wieder ein gefundenes Fressen für die Mobber. Dann entsteht eine Art »Tatbestand«, der sich auf die berufliche Bewertung des Gemobbten mit Abmahnungen und Ähnlichem negativ auswirken kann. Denn unter Umständen merken die Vorgesetzten ja gar nicht, dass hier jemand vorsätzlich angeschwärzt wird – vorausgesetzt sie sind nicht selbst am Mobbing beteiligt. Auf diese Weise haben schon etliche Frauen ihren Arbeitsplatz verloren. Mobbing kann überdies zu massiven gesundheitlichen Problemen führen.

Mobbende Frauen gehen dabei wesentlich aggressiver vor als Männer. Sie entwickeln sich mehr und mehr zu »Karrierekillern« ihrer Geschlechtsgenossinnen. »Frauen haben oft im Beruf kein professionelles Verhältnis zueinander.«, sagt die Hamburger Professorin Sonia Bischoff von der Fachhochschule für Wirtschaft und Politik, die seit über 15 Jahren über die Chancen von Frauen im Beruf forscht. Die Zahl der Frauen in

Führungspositionen, die sich über Mobbing beklagen, wächst.
Wer in dem Gefühl aufgewachsen ist, dass seine Leistung nicht ausreicht, dass es immer etwas zu mäkeln gibt, wer – wie viele Frauen – in dem Bewusstsein groß geworden ist, als Frau ohnehin benachteiligt zu sein oder zur Gattung der Perfektionistinnen gehört, der sorgt sich ständig: Was muss ich tun, was kann ich tun, damit man mich anerkennt und nicht abwertet? Das macht anfällig.
Daran erkennen Sie, ob Sie gemobbt werden:

- Die Schikanen passieren regelmäßig, mindestens einmal die Woche.
- Die Quälerei zieht sich mindestens über ein halbes Jahr hin.
- Die Schikane ist nicht zufällig, sondern geplant und zielgerichtet.
- Es herrscht nicht generell ein schlechter Umgangston, sondern Sie als einzelne Person werden gemobbt.
- Ihr Vorgesetzter oder Ihre Kollegen schränken Ihre Möglichkeiten ein, sich zu äußern.
- Sie werden – etwa in Konferenzen – ständig unterbrochen, oder man hört Ihnen nicht zu.
- Sie werden angeschrien oder laut beschimpft.
- Ihre Arbeit wird ständig kritisiert oder in kränkender Weise beurteilt.
- Zuarbeit wird Ihnen verweigert.

- Ihr Privatleben beziehungsweise Ihr Aussehen wird unangemessen kommentiert oder kritisiert.
- Sie werden am Telefon terrorisiert.
- Sie werden mündlich und schriftlich bedroht.
- Man begegnet Ihnen mit abwertenden Blicken und Gesten.
- Ihr Gegenüber macht Andeutungen, ohne direkt etwas auszusprechen.
- Ihre Kontaktaufnahme wird verweigert.
- Die Kollegen sprechen nicht mehr mit Ihnen.
- Sie finden keinen Kontakt zu Kollegen.
- Sie werden in einen anderen Raum gesetzt – weit weg von den Kollegen, zu denen Sie eigentlich gehören.
- Sie werden mit niederen Arbeiten betraut.
- Sie werden wie »Luft« behandelt.
- Hinter Ihrem Rücken wird schlecht über Sie gesprochen.
- Über Sie werden Lügen und Gemeinheiten verbreitet.
- Sie werden vor anderen lächerlich gemacht.
- Man sagt Ihnen nach, Sie seien psychisch krank oder seelisch labil.
- Die Kollegen amüsieren sich über eine Behinderung, Ihr Körpergewicht oder sonst eine Äußerlichkeit.

Legen Sie Mobbern das Handwerk

Häufig steckt Neid und Missgunst hinter dem Mobbing, sagen die Experten. Der Mobber hat insgeheim das Gefühl, dass er selbst schlechtere Chancen hat und unwichtig wird, wenn er sich nicht durch Mobben hervortut. Oder er kann seine Arbeitsleistung nicht erbringen und lenkt durch das Mobben von sich selbst ab. Er fühlt sich durch das Opfer bedroht, vielleicht weil es bei der Arbeit neue Techniken einführen will oder durchschauen könnte, dass der Mobber seiner eigenen Arbeit nicht gewachsen ist. Er versucht, sich auf Kosten des Opfers ins rechte Licht zu setzen. Manch einer rächt sich so für Dinge, die ihn irgendwo anders gekränkt haben. Manchmal ist es eine ganze Gruppe von Mobbern, die für ihr eigenes Sicherheitsgefühl einen »Sündenbock« braucht. In manchen Firmen wird dann so eine Art »Volkssport« daraus. Ebenso kann es sein, dass die Führung das Mobbing initiiert, damit missliebige Angestellte »gegangen werden« können, die sie auf andere Weise nicht los wird. Auch im Freundes- und Bekanntenkreis kann es zum Mobbing kommen.

Wenn Sie merken, dass Sie gemobbt werden, geben Sie nicht klein bei, sondern werden mobil. Allerdings ist es auch nach Erfahrung von Experten nicht ganz einfach, den richtigen Ansatzpunkt zu finden. Natürlich können Sie Ihre Feinde zur Rede stellen. Doch liegt einerseits in der Natur des Mobbens, dass es schwer nachzuweisen ist, und andererseits in der Natur des Mobbers, dass er sich herausredet, denn er kann ja nicht zugeben, dass er Unrecht tut. Die meisten Mobber vermitteln Ihnen dabei auch noch das Gefühl, Sie seien hysterisch oder litten unter Verfolgungswahn. Vor allem Frauen wird dies oft vorgeworfen. Begeben Sie sich trotzdem nicht auf das Niveau der Mobber. Das haben Sie nicht nötig. Liefern Sie ihnen keine Projektionsfläche für weitere »Schandtaten«. Bieten Sie den »Miesepetern« die Stirn, indem Sie selbst Verbündete suchen – etwa den Betriebsrat, die Vertrauensleute, die Frauenbeauftragte oder jemanden von der Gewerkschaft. Es existieren hier meist professionelle Programme zur Hilfe von Mobbing-Opfern und zur Bewältigung von Mobbing im Unternehmen. Ziel muss es sein, Mobber und Gemobbte zu trennen oder am innerbetrieblichen Gefüge etwas zu ändern. Oft müssen auch juristische Schritte gegen den Mobber eingeleitet werden. Das führt leider jedoch häufig dazu, dass alles nur noch schlimmer wird. Zuvor sollten Sie sich eingehend über ihre betrieblichen und rechtlichen Möglichkeiten informieren.

So kommen Sie dem Mobber bei

Grenzen setzen: Halten Sie sich die Ohren zu, wenn Sie angeschrien werden, halten Sie ein Schild hoch mit der Aufschrift: »Ich bin nicht taub!« oder »Brauchen Sie ein Hörgerät? Ich nicht!«. Probieren Sie es am Anfang ruhig und noch mit Humor.

Entmutigen: Zeigen Sie nicht mehr, dass verbale Angriffe Sie erreichen, versuchen Sie sich in Schlagfertigkeit, lachen Sie über Angriffe und versuchen Sie Ihre eigenen Schwachstellen zu mindern, um keine Angriffsflächen zu bieten.

Versachlichen: Solange es geht, versuchen Sie mit Hilfe eines neutralen Schlichters Kompromisse anzubieten.

Verunsichern: Demonstrieren Sie, dass Sie nicht allein sind, machen Sie die Untergrundarbeit Ihres Widersachers öffentlich, nichts fürchtet er mehr als das, weil er ja mit gezinkten Karten spielt.

Isolieren: Betreiben Sie Öffentlichkeitsarbeit im Betrieb, sorgen Sie dafür, dass Duldung geächtet wird und am besten noch dafür, dass der Mobber sich öffentlich blamiert.

Einschüchtern: Kündigen Sie straf-, zivil- oder arbeitsrechtliche Schritte ganz konkret an und machen Sie glaubhaft, dass dies kein »Wortgeklingel« ist.

Machen Sie Luft aus Ihren Feinden

Heute ist oft von der »Neidgesellschaft« die Rede. Psychologen sagen, es müsste eher »Missgunstgesellschaft« heißen. Neid spornt eine Gesellschaft an, Missgunst vergiftet sie. Nach außen sind wir natürlich alle vernünftig, tolerant und großzügig. Doch viele werden insgeheim von Neid, Missgunst und Eifersucht geplagt. »Unerlaubte« Gefühle wie »Das will ich auch haben!« – »Das gönn' ich der nicht!« oder »Wenn die meinem Mann schöne Augen macht, mach ich sie fertig!« können uns zur Raserei bringen. Doch wir sollten sie nicht bekämpfen, sondern sie ausnutzen. Denn sie bringen uns auch voran.

Wenn es um andere Menschen geht, wissen wir oft bestens Bescheid: »Die muss mal ihre unglaubliche Eifersucht in den Griff bekommen, dann kann sie auch ihren Mann halten«, urteilen wir über die Ehekrise von Freunden. Oder »Die wird ja von Neid und Missgunst zerfressen, so kommt sie im Beruf nie nach oben!«, sagen wir der verbissenen Kollegin nach. »Die Meyers scheinen im Lotto gewonnen zu haben.«, meckern wir angesichts des neuen großen Autos der Nachbarn. Anderswo ist der Rasen immer grüner, sind die Kirschen knackiger, bringt der Mann mehr Geld nach Hause, sind die Kinder besser geraten. Wie lautet doch noch Volksmunds Wortspiel: »Eifersucht ist eine Leidenschaft, die mit Eifer sucht, was Leiden schafft«.
Dennoch sind dies Gefühle, denen niemand entkommt. Auch wir selbst nicht. Eifersucht, Neid und Missgunst sind quälende Emotionen, die einen Menschen total erfassen und eine an sich stimmige Beziehung kaputtmachen können. Sie brennen im gesamten Körper, besetzen das Denken und lösen die heftigsten Stresssymptome aus. Diese gift-gelb-grünen Drei haben manche Menschen so in den Klauen, dass sie ihr ganzes Leben erfüllen. Sie sind verbunden mit Ärger, Wut, Zorn, Hass, Verachtung, Scham, mangelndem Selbstwertgefühl und Selbstzweifel. Schon jedes dieser Gefühle für sich allein ist eine Qual, zusammen können sie unerträglich werden.
Viele Gewalttaten innerhalb von Beziehungen sind in der Tat auf diese Gefühlsaufwallungen zurückzuführen. Da kommt es am Ende dann zu der paradoxen Situation, dass die geliebte Person gequält oder umgebracht wird, weil man sie nicht verlieren will. Laut

Kriminalstatistik sind die meisten Gewalttaten innerhalb einer Beziehung auf Eifersucht zurückzuführen.

Frauen und Männer sind unterschiedlich eifersüchtig

Wir kennen alle das nagende Zucken im Herzen, wenn der Liebste auf einer Feier galant mit anderen Frauen schäkert, sich von seiner charmantesten Seite zeigt, wenn er mit einer anderen tanzt, von einer Ex-Frau nette Geschichten erzählt oder von den Kochkünsten seiner Mutter schwärmt. Das ist völlig normal, denn Liebe und Eifersucht sind die zwei Seiten einer Medaille. Das eine ist ohne das andere nicht zu haben – sonst ist es keine Liebe. Jedenfalls, wenn sich die Eifersucht im normalen Rahmen abspielt.

Bis vor kurzem war es noch verpönt, seine Besitzansprüche durch eifersüchtiges Verhalten geltend zu machen. In der Liebe gebe es kein Eigentumsrecht, lautete die Parole – ausgerufen durch die Befreiungsbewegung Ende der Sechzigerjahre. Wer in seiner Beziehung nicht locker bleibe, habe doch nur selber Probleme mit seinem Selbstwertgefühl, hieß es. Der klammere, weil er so unsicher sei.

Unsinn, sagt nun der amerikanische Psychologie-Professor David Buss. Umgekehrt werde ein Schuh daraus: »Nur Menschen mit übersteigertem Selbstbewusstsein fühlen sich ihres Partners völlig sicher.« Viele Menschen nehmen sich die eigene Eifersucht jedoch übel, weil sie »modern sein wollen, die Eifersucht aber ein ›unmodernes‹ Gefühl ist, kleinlich, besitzergreifend,

engherzig und von Abhängigkeit zeugend«, analysiert der bekannte Paartherapeut Hans Jellouschek.
Doch ein so mächtiges Gefühl lässt sich nicht per Knopfdruck aus der Welt verbannen. Heute bekennen sich ein Drittel der Frauen und rund ein Viertel der Männer zu »extremer Eifersucht«. Männer sollen generell anfälliger dafür sein. So rasten sie eher aus, wenn ihre Partnerin sie sexuell betrügt. Frauen hingegen fühlen sich eher dann bedroht, wenn sich ihr Partner zu einer anderen Frau gefühlsmäßig hingezogen fühlt.
Evolutionsbiologen führen das auf unser genetisches Erbe zurück: Eine Frau ist sich immer sicher, dass die Kinder, die sie geboren hat, wirklich ihre Kinder sind. Ein Mann kann sich dessen hingegen nie sicher sein. Hat seine Partnerin eine Affäre, muss er stets befürchten, dass die Gene seines (seiner) Rivalen zum Zuge kommen. Außerdem befürchtet er, dass seine sexuellen Qualitäten nicht ausreichen, um die Partnerin zu fesseln. Das nagt am Selbstwertgefühl. Umgekehrt wird weibliche Eifersucht als »angstgeprägt« angesehen, weil Mütter früher darauf angewiesen waren, dass jemand sie und ihre Kinder ernährte. Hatte ihr Partner eine Affäre, schwang immer die Gefahr mit, dass er sie mit ihrer »Brut« sitzen ließ.

Eifersucht kann Ihre Beziehung retten

Auch der »Vater der Psychoanalyse«, Sigmund Freud, konnte an der Eifersucht nichts Unnormales entdecken: »Die Eifersucht gehört zu den Affektzuständen, die man ähnlich wie die Trauer als normal bezeichnen darf. Wo sie im Charakter und im Benehmen eines Menschen zu fehlen scheint, ist der Schluss gerechtfertigt, dass sie einer starken Verdrängung erlegen ist und darum im unbewussten Seelenleben eine umso größere Rolle spielt … Über die normale Eifersucht ist analytisch wenig zu sagen.«

Eifersucht ist also keine psychische Störung, sondern allzu menschlich. Deswegen sollten Sie sich ihrer auch nicht schämen. Denn Eifersucht stabilisiert eine Beziehung auch. Psychologe Buss, Autor des Buches »Wo warst du?«, glaubt, dass Misstrauen die Liebe stärkt und die erotische Anziehungskraft steigert. Wer dieses Signal aus Angst oder Scham ignoriert, bringt sich um die Chance, seiner Partnerschaft neue Impulse zu geben und mögliche Unklarheiten auszuräumen. Eifersucht spornt an, die Beziehung und sich selbst zu pflegen. Wo Eifersucht im Spiel ist, findet Gleichgültigkeit keinen Platz. Psychologen der Universität von Illinois stellten fest, dass die Partnerschaften am stabilsten waren, die bereits von Beginn an ziemlich eindeutige Vorstellungen von Treue, Freiheiten und Eifersucht hatten. Bei allen anderen war ziemlich rasch das Interesse an allem erloschen – an Sex, an Gesprächen, am Zusammensein.

Gefährlich wird's, wenn die Eifersucht krankhaft ist

Krankhaft wird die Eifersucht dann, wenn sie sich nicht auf eine einzelne konkrete Situation bezieht, sondern quasi eine Art Lebensgefühl bezeichnet. Sie klingt nicht ab, sondern ist anhaltend und quälend. Und zwar für alle Beteiligten. Diese »pathologische Eifersucht« macht sich meist bei Menschen breit, die in den ersten Jahren ihres Lebens nicht genug Liebe, Wärme und Geborgenheit bekamen, die seitdem am eigenen Wert zweifeln oder die die normale Eifersucht auf die Geschwister nicht mit der liebevollen Hilfe ihrer Eltern bewältigen konnten. »Früherfahrene Ungeborgenheit« nennt es der Psychotherapeut Wolfgang Jordan. Sie kann dazu führen, dass ein Mensch ständig Aufmerksamkeit sucht, immer im Mittelpunkt stehen muss und mit Argusaugen darüber wacht, dass andere Menschen nicht mehr bekommen als er. Seinen Partner, seine Partnerin quält er mit einem übermäßigen Kontrollzwang, indem er ihr, ihm nie und nirgends Ruhe lässt. Diese extreme Form der Eifersucht lässt sich meist nicht ohne professionelle Hilfe bekämpfen. Dabei brauchen die krankhaft Eifersüchtigen die Unterstützung ihrer Angehörigen.

So halten Sie das »grüne Monster« Eifersucht in Schach

Passen Sie sich nicht an alle Bedürfnisse und Wünsche Ihres Partners an, »nur« weil Sie Angst haben, er könne Sie verlassen. Wer sein Leben von der Anwesenheit anderer Menschen abhängig macht, wird immer wieder enttäuscht und unzufrieden sein und beraubt sich vieler Glückschancen. Es kostet zwar Mut und Überwindung, sich seine Bedürfnisse und Herzenswünsche auch mal im Alleingang zu erfüllen, aber es ist umso erfüllender, wenn man es geschafft hat.

- Versuchen Sie, Ihren Kontrollzwang zu bändigen. Sie quälen sich damit nur selbst, vertreiben Ihren Partner oder Ihre Freundin und machen sich vor anderen lächerlich.
- Fangen Sie nicht damit an, Ihren Partner eifersüchtig machen zu wollen, indem Sie sich in oberflächliche Vergnügungen oder Kontakte stürzen.
- Versuchen Sie, ihm mit Respekt zu begegnen, auch wenn Sie noch so wütend sind. Gefährden Sie das Niveau Ihrer Beziehung nicht.
- Halten Sie die Augen offen, damit Sie seine Liebesbeweise nicht übersehen. Werten Sie diese nicht ab.
- Überlegen Sie sich genau, was Sie von Ihrer Partnerschaft erwarten und sprechen Sie das offen aus. Denn oft stecken hinter dem vermeintlichen Seitensprung nur Missverständnisse.
- Stehen Sie zu Ihrer Eifersucht und der Angst vor dem Verlassenwerden.

Neid reguliert das Miteinander, Missgunst schädigt es

»Warum hat die blöde Kuh den besseren Job als ich?« – »Warum kommt die immer leichter voran, warum hat sie mehr Geld?« – »Warum hat sie einen Mann und ich nicht?« – »Warum ist XY überall beliebter als ich?« – wenn jemand »gelb vor Neid« ist, kann dies sein Leben bestimmen und ihm vieles schwerer machen. Manches aber auch leichter.

Neid hat ein schlechtes Image. Kaum jemand steht zu dem bohrenden Wunsch, haben zu wollen, was ein anderer hat. Aber auch dieses Gefühl hat uns die menschliche Entwicklungsgeschichte in die Wiege gelegt. Nur Neid und Machtgefälle hielten die Fortentwicklung der Gesellschaft in Gang. Neid ist der Antrieb, die Unzufriedenheit mit der eigenen Situation ändern zu wollen. Er ist eine treibende Kraft, kann zu Höchstleistungen anspornen, dazu, größere Ziele zu erreichen. Neid verwandelt Trägheit in Ehrgeiz, sorgt für Konkurrenz und Wettbewerb. Neid ist der Motor der freien Marktwirtschaft und mündet – ein Schlagwort unserer Tage – in der »Neid-Gesellschaft«, in der die »Minderbemittelten« nach den Gütern der Wohlhabenderen schielen. Denn Neid kommt ohne eines nie aus – das Vergleichen, das »Was hat der, was ich nicht habe?«. Die bekannte Psychoanalytikerin Verena Kast formuliert es so: »Neid verdeutlicht, was zu verwirklichen in unserem Leben anstünde.«.

Nutzen Sie Ihren Neid als Schubkraft

Interessanterweise bezieht sich Neid immer auf unseren engeren »Dunstkreis«. Was in Hollywood, New York oder Paris passiert, lässt uns meistens völlig kalt. Wenn aber die Nachbarin von ihrem Göttergatten einen Brillantring geschenkt bekommt oder unsere liebste Feindin uns den Job vor der Nase wegschnappt, dann fangen wir neidvoll an zu vergleichen. Denn unsere eigene Lebenszufriedenheit richtet sich immer an unserer direkten Umgebung aus. Wir neiden, geraten jedoch auch in Hochgefühle, wenn wir von anderen beneidet werden. »Erfolg muss man sich erarbeiten, Neid bekommt man geschenkt.« – lautet eine weise Erkenntnis, die viele aus eigener Erfahrung bejahen können. »Neid ist die aufrichtigste Form der Anerkennung.«, formulierte es auch schon Wilhelm Busch.

Wer jedoch selbst in seiner nagenden Unzufriedenheit verharrt, vergällt sich das Leben. Wenn natürlicher Neid in Missgunst umschlägt, wird es für alle Beteiligten unangenehm. Ein nachhaltig negatives Selbstwertgefühl gepaart mit dem Gefühl, ständig zu kurz zu kommen, lässt der lauernden Missgunst freien Lauf. Doch während Neid anspornen kann, selbst etwas zu erreichen, ist Missgunst zersetzend. Sie zerstört das Selbst und die Beziehungen zu anderen Menschen. Die Sprengkraft der Missgunst ruiniert nicht nur Liebe und Freundschaften, sie spaltet, wo immer sie auftaucht. Denn Missgunst will »haben« und wegnehmen, ohne etwas dafür tun zu müssen. Insofern müsste das Schlagwort von der »Neid-Gesellschaft« wohl eher in »Missgunst-Gesellschaft« abgewandelt werden.

Wenn Sie starke Neidgefühle in sich spüren, versuchen Sie auszuloten, was Sie unzufrieden macht. Versuchen Sie, sich dabei von den gängigen Erwartungen möglichst frei zu machen. Tatsache ist, dass das Gefühl von Zufriedenheit meist nichts mit materiellen Dingen zu tun hat. Was wollen Sie wirklich haben, was wollen Sie ändern? Was macht Sie ganz persönlich glücklich? Dann überlegen Sie, wie Sie zu Ihren Zielen gelangen könnten. Sind diese Ziele realistisch und sind Sie bereit, Anstrengungen auf sich zu nehmen, um sie zu erreichen?

Orientieren Sie sich dabei an diesen Eigenschaften, die Psychologen als »Eckpfeiler der Lebenszufriedenheit« ausgemacht haben:

im eigenen Tun einen Sinn sehen: Wer sein Leben, seine Beziehungen und seinen Beruf mit Engagement, Begeisterung und Sinnhaftigkeit erfüllt, ist unabhängig vom Geld zufriedener.

sich unabhängig fühlen: Wer das Gefühl hat, über das eigene Leben selbst bestimmen zu können, sich nicht ohnmächtig zu fühlen, leidet seltener unter Neidgefühlen.

das eigene Leben gestalten können: Sich zu engagieren, das Leben nach eigenen Vorstellungen zu gestalten, Unzufriedenheit am Schopf zu packen und Dinge zu ändern – das alles vermittelt uns das Gefühl, Einfluss zu haben, dem Leben nicht ausgeliefert zu sein.

Ich liebe mich – Lernen Sie, Ihr Ego zu streicheln

Abiturfeier. Die Direktorin will eine Rede halten. Als sie die Stufen zum Podium hinaufsteigt, stolpert sie und fällt hin. Verhaltenes Gekicher in der Aula. Seelenruhig steht sie wieder auf und beginnt ihre Ansprache: »Liebe Schülerinnen und Schüler, ich habe Ihnen soeben sehr deutlich gemacht, was ich Ihnen heute mit auf den Lebensweg geben möchte: »Hinfallen kann jeder. Worauf es ankommt, ist, dass man wieder aufsteht!«

Mit diesem kleinen Trick hat sie ihre momentane Schwäche in eine bewundernswerte Stärke verwandelt. Dies ist ein wunderbares inneres Kapital, das einen vor vielen negativen Gefühlen schützen kann. Darin liegt die Chance, aus jeder Situation für sich etwas zu machen und Selbstzweifeln keinen Raum zu lassen. Wer stark sein will, braucht vor allem die richtige Perspektive. Münzen Sie beispielsweise Ihre eigenen Vorurteile über sich um: »Ich bin so vergesslich.« = »Ich halte mir den Kopf frei für wirklich wichtige Dinge.« »Ich bin zu faul.« = »Ich habe für kreative Einfälle die richtige Muße.«

Viele Frauen sind jedoch von einem Mangel an Selbstwertgefühl geprägt. Sie sitzen der Idee von ihrer vermeintlichen Unzulänglichkeit auf. Sie beleuchten akribisch jeden Schwachpunkt, listen genau auf, was ihnen fehlt, was an ihnen nicht schön ist und was sie nicht können. Das vermeintliche Versagen und die angeblichen Mängel werden stark aufgebauscht, die positiven Seiten und Leistungen werden kaum wahrgenommen. Manchmal sitzt dieser Mangel an Selbstachtung so tief, dass der betreffenden Frau jedes erhaltene Lob verlogen erscheint.

Manche Frauen kultivieren allerdings ihre Schwachpunkte auch, Sie verschanzen sich dahinter, weil sie Angst vor Erfolg und dem Übernehmen von Verantwortung haben: »Wenn ich mich selbst schwach mache, wird man mich schon nicht zur Verantwortung ziehen!« – »Ich kann das nicht, ich bin eben so!«, heißt immer auch »Ich will so sein!«. So wollen manche Frauen auch ihr Gefühl des Gekränktseins gar nicht wirklich loswerden. Sie müssen dann an sich nichts ändern und können in der Pose »Schuld an meinem schlechten Gefühl sind die anderen.« verharren und keine Verantwortung übernehmen. Sie genießen das schlechte Gefühl. Dabei gehen ihre Beziehungen kaputt, doch das nehmen sie in Kauf.

Da heißt es: klein anfangen mit dem Programm der Selbstliebe. Geben Sie sich Antworten auf folgende Fragen: Was kann ich wirklich gut? Wo traue ich mir etwas zu? Was mag ich an mir? Dabei zählt jede Kleinigkeit – etwa: Ich habe ein gutes Händchen für Wohnungseinrichtungen, ich habe eine schöne Handschrift, ich schreibe tolle Briefe, ich kann lustig sein, ich merke mir jede Telefonnummer. Von dieser Insel des guten Gefühls können Sie sich weiter vortasten.

Spüren Sie Ihre eigenen Klischees auf: Finden Sie den Satz »Schöne Frauen sind glücklicher.« richtig? Dann könnte Ihr Gegenargument lauten: Stimmt nicht, denn sie sind natürlich nicht glücklicher. Im Gegenteil, sie beklagen sich, dass sie nicht ernst genommen werden, dass man sie für dumm hält, dass sie von Neid umgeben sind, dass sie niemandem vertrauen können, dass sie keine gute Freundin finden, dass Männer vor ihnen Angst haben. Sie machen sich Kummer, dass sie nur wegen ihres Aussehens gemocht werden, aber nicht wegen der Person, die sie wirklich sind. Wenn ein Mann sagt, dass er sie liebt, fürchten sie: »Der meint ja gar nicht mich!«. Sie werden leicht als Sexobjekt benutzt und haben Angst davor, nicht mehr attraktiv zu sein.

»Wem es nicht gelingt, sich selbst zu mögen, der kann auch andere nicht wirklich lieben«, sagen Psychologen. Werden Sie deshalb Ihr eigener Fan: Dazu müssen Sie in Ihrem Kopf einen Schalter umlegen, sich positiv polen. Das klappt am besten mit Mantras, die Sie sich mehrmals täglich, am besten morgens gleich vor dem Spiegel sagen. Auch wenn es Ihnen anfangs vielleicht albern vorkommt, Liebeserklärungen an Ihr Spiegelbild wirken. Sagen Sie sich:

- Ich bin die Nummer eins in meinem Leben. Ab sofort übernehme ich die Regie für alles, was passiert.
- Ich schaffe alles, was ich mir vornehme.
- Mir fällt in jeder Situation die richtige Antwort ein.
- Ich bin ein richtig tolle, starke Frau.
- Ich liebe mich!

Probieren Sie es auch einmal mit dieser Übung für mehr Selbstbewusstsein:

- Betrachten Sie sich im Spiegel, von Kopf bis Fuß, am besten nackt.
- Beschreiben Sie laut, was Sie sehen, loben Sie, was Ihnen gefällt, kritisieren Sie ruhig das eine oder andere, aber bleiben Sie mit Ihrer Aufmerksamkeit bei den gelungenen Teilen. Machen Sie Ihrer Schokoladenseite ruhig übertriebene Komplimente.

Na? Ist da nicht doch eine ganze Menge Schönes zu sehen? Wollen Sie noch immer im Boden versinken? Oder drehen Sie sich jetzt so, dass Ihr imposanter Kopf, Ihr schöner Busen, Ihr knackiger Po, Ihr tolles Haar, Ihre schönen Hände besser zur Geltung kommen?

Machen Sie diesen Bodyscan regelmäßig und beschreiben Sie sich jedes Mal positiver. Diese neue Sichtweise wird sich mit der Zeit in Ihrem Kopf verankern und zunehmend zu mehr Selbstliebe und Selbstbewusstsein führen.

Gewöhnen Sie sich an, abends im Bett Ihren Tag Revue passieren zu lassen. Dabei dürfen Sie sich ordentlich auf die Schulter klopfen. Vergegenwärtigen Sie sich, was Sie alles geschafft haben und was Ihnen gut gelungen ist – auch alle Kleinigkeiten. Auf diese Weise werden Sie sich Ihrer Fähigkeiten bewusst und bekommen ein differenzierteres Bild von Ihren Stärken.

Genial ist auch der »Gummibärchen-Trick«: Stecken Sie sich morgens eine Hand voll Gummibärchen in die linke Jackentasche. Jedesmal, wenn Sie etwas vollbracht haben, auf das Sie auch nur ein kleines bisschen stolz sein können, wandert ein Bärchen in die rechte Tasche. Abends können Sie dann die »Lor-Bären« des Tages genüsslich verspeisen. Selbstbewussten Appetit!

Wie eifersüchtig sind Sie?

1 Alle ihre Kolleginnen schwärmen für den supercoolen Typ, neu in Ihrem Team ist. Doch Sie lädt er zum Essen ein und ke andere. Was empfinden Sie dabei?

B Ich glaube, er will mich nur über meine Projekte aushorchen.

C Ich habe ihm ja auch schon lange genug schöne Augen gemacht.

D Ich glaube, mir bleibt vor lauter Aufregung die Sprache weg.

A Das ist definitiv meine Chance, und ich werde sie auch nutzen.

2 Sie sind im Fitnessstudio schwitzend beim Workout, da schre eine neue weibliche Schönheit mit einer tollen Figur herein. V geht Ihnen durch den Kopf?

D Ich denke an eine höhere Gerechtigkeit und hoffe, dass diese Dame bei der Verteilung der Intelligenz eher leer ausgegangen ist.

B Ich möchte mich am liebsten verkrümeln, in meinem Badelaken, meinem demantel oder einer Wolldecke verschwinden.

C Die sieht ja echt klasse aus, das muss der Neid ihr lassen.

A Ich finde, dass ich selbst einfach die bessere Ausstrahlung habe.

3 Ihre Freundin ruft Sie ganz verzweifelt an. Ihr Freund ist in le ter Zeit so komisch, er hört kaum noch zu, spricht kaum noch ihr, kommt immer zu spät und vergisst ihre gemeinsamen Abr chungen. Haben Sie einen Rat für sie?

C Ich rate ihr zunächst zur Geduld, möglicherweise hat er beruflichen Stress.

A Ich rate ihr, ihn zur Rede zu stellen und sich nichts gefallen zu lassen.

B Ich sage Ihr, sie soll einmal hinter seinem Rücken seine Sachen filzen, die T schen umkehren und seinen Kalender durchsehen.

D Ich finde, sie sollte aufmerksam bleiben und auf ihr Gefühl vertrauen. Wen er sich von ihr entfernt, wird sie das sicher spüren.

Welche Einstellung zur Eifersucht trifft Ihre am ehesten?
ersucht ist …

eine Leidenschaft, die mit Eifer sucht, was Leiden schafft.

die richtige Würze für die Liebe.

ein Zeichen für einen Mangel an Selbstdisziplin.

eine einzige Qual.

Sie erwischen auf einer Feier Ihren Partner in eindeutiger Umar-
ng mit einer fremden Frau. Wie reagieren Sie?

Ich verbarrikadiere mich im Bad, denn ich will nicht, dass jemand mich heulen sieht.

Ich versuche, mich selbst zu beruhigen, und sage mir, dass schließlich alles im grünen Bereich ist, solange er mit der anderen nicht im Bett landet.

Ich raste aus, schleudere mit den Worten »Kleine Abkühlung gefällig« meinen Wein gegen die beiden.

Ich tippe ihm freundlich auf die Schulter: »Ich will ja nicht stören, aber kannst du mir mal sagen, wo die Autoschlüssel sind?«

Wie haben Sie beim letzten Mal reagiert, als Sie glaubten, Grund
Eifersucht zu haben?

Ich kann mich nicht mehr genau daran erinnern. Wahrscheinlich habe ich es wie immer mit mir selbst ausgemacht.

Ich war sauer und habe ihn mit einem längeren Liebesentzug gestraft.

Ich habe ihm eine mordsmäßige Szene gemacht und ihm die Trennung angedroht.

Ich habe erst ein paar spitze Bemerkungen abgelassen und, als wir zu Hause waren, gesagt, dass mich dieses Verhalten kränkt.

Wenn Sie Ihr Selbstbewusstsein in ein Gefäß gießen könnten,
lches würden Sie wählen?

Eierbecher	A	Vase
Weinpokal	C	Blumenkübel

8 Wie beurteilen Sie diese Eigenschaften bei sich? (1 = wenig; 10 = sehr viel?)

Charme: _____ Attraktivität: _____ Sexappeal: _____

1 – 2 – 3 – 4 – 5 – 6 – 7 – 8 – 9 –

B D A C

Auswertung

Geben Sie sich für jedes A 2 Punkte, B = 4 Punkte, C = 1 Punkt, D = 3 Punkte und zählen Sie Ihre Punkte zusammen.

10 bis 15 Punkte:

Sie sind nicht besonders eifersüchtig, das ist aber nicht zwangsläufig gut für Ihre Liebesbeziehung. In Langzeitstudien mit Paaren konnten Psychologen nachweisen, dass Beziehungen, die ganz ohne Eifersucht auskommen, keine Zukunft haben, Eifersucht ist das Salz in der Suppe der Liebe. Sie stärkt die Bindung und das Begehren. Nur Menschen mit übersteigertem Selbstwertgefühl fühlen sich ihres Partners völlig sicher. Und wie steht das bei Ihnen? Neigen Sie etwas zur Selbstüberschätzung? Wie sehr lieben Sie Ihren Partner noch?

16 bis 25 Punkte:

Ihre Liebessuppe ist gut gewürzt. Sie verfügen über eine gesunde Portion Eifersucht und schaffen es, Ihrem Liebsten nahezubringen, wie wichtig er Ihnen ist. Durchkreist eine Konkurrentin Ihren Orbit, sind sie sehr wohl auf der Hut. Auch wenn er ungewöhnlich spät nach Hause kommt, wollen Sie natürlich wissen, wo er so lange gesteckt hat. Wenn Gefahr im Verzug ist, wissen Sie sich durchaus zu wehren. Dennoch erdrücken Sie Ihren Partner nicht und sind durchaus tolerant. Eifersucht in diesem Rahmen ist weder peinlich noch ein Ausdruck von Minderwertigkeitsgefühlen, sondern eine ganz gesunde Reaktion und ein wichtiger Baustein für Ihre Beziehung.

26 bis 35 Punkte:

Sie sind hypersensibel und spüren Gefahr, wo gar keine ist. Sie hören das Gras wachsen und neigen dazu, etwas zu viel Eifersuchtssalz in die Liebessuppe zu geben. Sie verfolgen Ihren Partner mit Argwohn und schaffen so eine Atmosphäre des Misstrauens. Das ist nicht gut für Ihre Beziehung. Haben Sie schon so viele schlechte Erfahrungen gemacht? Oder braucht Ihr Selbstwertgefühl einmal eine Aufbauspritze? Sie zweifeln zu sehr an sich! Stellen Sie Ihr Licht nicht unter den Scheffel, tun Sie etwas für sich selbst. Und wenn Sie das gelbe Monster Eifersucht wieder in den Händen hält, prüfen Sie erst einmal die Realität, bevor Sie unnötig Porzellan zerschlagen. Seien Sie etwas toleranter. Das tut Ihnen beiden gut.

bis 40 Punkte:
Was Sie Ihrem Partner an Eifersuchtsanfällen zumuten, ist ziemlich starker Tobak. Sie fantasieren sich bei den kleinsten Anlässen etwas zusammen und verfolgen ihn mit Ihren wahnhaften Vorstellungen. Sie ziehen nicht einmal im Ansatz andere Möglichkeiten in Erwägung. Wenn er beispielsweise einmal nicht ans Telefon geht, liegt er in Ihrer Vorstellung bereits in den Armen einer anderen, kommt er später von der Arbeit nach Hause, können Sie sich nicht vorstellen, dass es wirklich der Chef war, der ihn aufgehalten hat. Ziehen Sie am besten sofort die Notbremse, denn in extremer Eifersucht schlummert vor allem folgende Gefahr: Durch den Druck, den Sie ausüben, treiben Sie ihn geradezu in die Arme einer anderen, und Ihre Verdächtigungen werden schneller Realität als Sie ahnen. Nutzen Sie alle erdenklichen Möglichkeiten, Ihr Selbstbewusstsein aufzupäppeln. Notfalls sollten Sie therapeutische Hilfe in Anspruch nehmen.

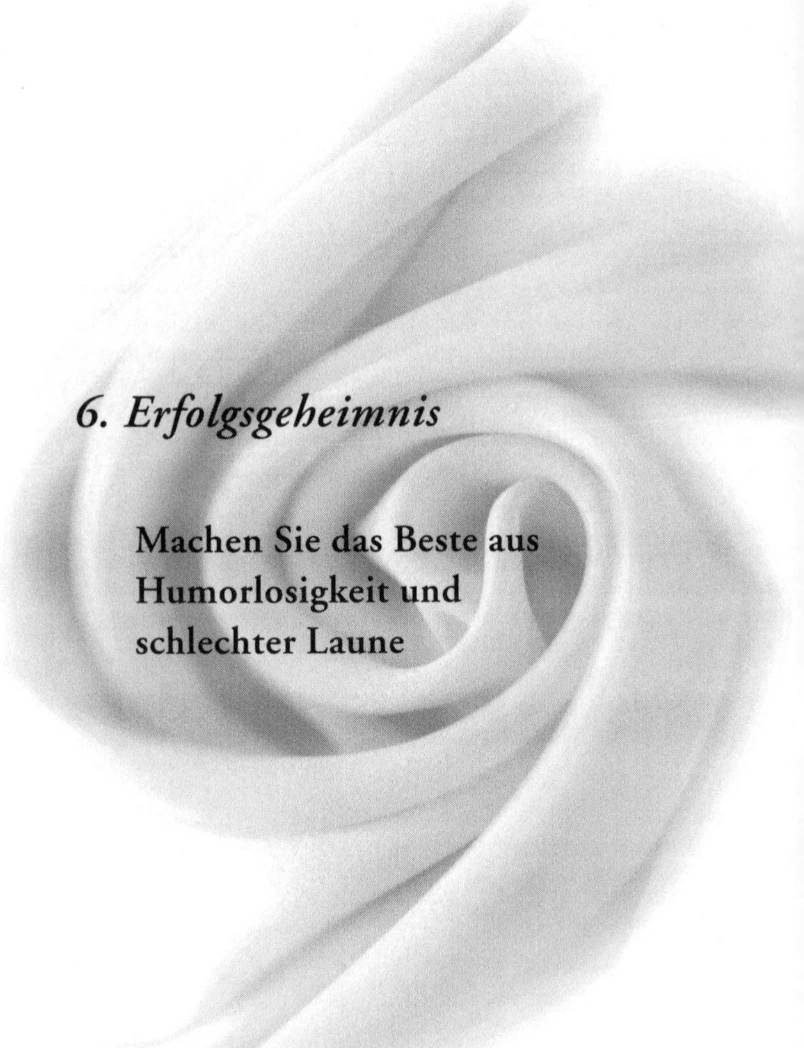

6. Erfolgsgeheimnis

Machen Sie das Beste aus Humorlosigkeit und schlechter Laune

Fünf Minuten
für die *Liebe*

Öffnen Sie Ihr Herz für das Lachen

Ihr inneres Lächeln zaubert einen sanften, harmonischen Ausdruck auf Ihr Gesicht, der aus einer bestimmten gelassenen Haltung heraus entsteht. Setzen Sie sich gerade hin, die Hände ruhen auf den Oberschenkeln. Schließen Sie die Augen. Spüren Sie in den Körper hinein und atmen Sie bewusst ein und aus. Nun lassen Sie um Mund und Augen ein leises Lächeln entstehen. Wenn Sie mögen, denken Sie dabei an einen Menschen, den Sie lieben, oder etwas, dass Sie sehr erfreut hat. Lassen Sie das Gefühl der gelassenen Heiterkeit wachsen. Es darf sich über den ganzen Kopf bis hinunter in die Brust ausdehnen. Auch Ihr Herz soll in dieser wohltuenden Energie baden und sich weiten. Auf diese Weise lächeln Sie nun mit Mund, Augen und mit dem Herzen. Dieses Lächeln behalten Sie nun den ganzen Tag über bei. Wenn es Ihnen einmal abhanden kommt, halten Sie kurz inne, konzentrieren sich auf Ihre innere Heiterkeit und lassen Ihr »Lächel-Gefühl« wieder neu entstehen. Sie werden staunen, wie diese Haltung Ihren gesamten Tag verändert. Und wundern Sie sich nicht, wenn Menschen Ihnen viel öfter als früher mit einem Lächeln begegnen.

Schluss mit Frust: Die Erde ist kein Jammertal

In den vergangenen Jahren wurde die Spaßgesellschaft viel gepriesen. »Spaß zu haben«, galt unter jungen Menschen als das erstrebenswerteste Lebensziel schlechthin. Sie pfiffen auf traditionelle Werte und stützende soziale Strukturen. Jeder war sich selbst der Nächste, »Fun hier und heute« war das Lebensmotto. Zwischenmenschliche Beziehungen wurden cool gehandhabt, mit dem Hintergedanken, bloß keine wirkliche Nähe entstehen zu lassen und sich nur ja keine ernsthafte Verantwortung einzuhandeln. Nun hat sich das Blatt gewendet, die Zeiten sind schwierig, jetzt ist »Schluss mit lustig«. Der Spaß entpuppte sich als oberflächliches Vergnügen, das mit Lachen, Liebe, Lebensfreude, Optimismus und Humor wenig bis nichts gemein hatte. Nun wird gejammert. Man sagt uns Deutschen nach, dass wir einen ausgeprägten Hang zu mieser Stimmung, Pessimismus, Humorlosigkeit und zur Nörgelei hätten.

»Humor ist der Knopf, der verhindert, dass uns der Kragen platzt«, formulierte schon Joachim Ringelnatz. Auch Psychologen und Psychotherapeuten entdecken den Humor als Schutzengel für ein gesundes Leben und Lieben. Er hilft, die harten Realitäten des Alltags »weich zu zeichnen«. Selten war dies so wertvoll wie heute. Zwischenmenschlichen Konflikten lässt sich mit Humor die Spitze nehmen. Er verträgt sich nicht mit Ärger, Wut, Angst und dem Gefühl der Hoffnungslosigkeit.

Positive Gefühle in Bezug auf unser Leben beherbergen Eigenschaften wie Glauben, Vertrauen, Selbstvertrauen, Zuversicht, Hoffnung und Optimismus. Sie schützen uns vor Depressionen, wenn uns Schicksalsschläge treffen, verhelfen uns zu besseren Leistungen und schenken uns seelische und körperliche Gesundheit. Sie sind die Grundlage dafür, dass wir uns glücklich fühlen können, dass wir das Glück erkennen, wenn es vor uns steht.

Gute Gefühle fallen nicht vom Himmel

Das Empfinden von Glück, Freude und Zufriedenheit hängt erstaunlich wenig von unseren äußeren Umständen ab. Das bestätigen viele wissenschaftliche Studien. Ob wir uns glücklich und optimistisch gestimmt fühlen, ist eine Frage unserer inneren Einstellung. Ein britischer Psycho-Pharmakologe fand heraus, dass es nicht die großen Ereignisse im Leben sind, die uns glücklich und gesund machen. Den Anblick eines Kindes zu genießen, sich selbst einen wunderschönen Blumenstrauß zu kaufen, den Frühling zu riechen, schöne Musik zu hören, mit dem Hund spazieren zu gehen, ein vertrauensvolles Gespräch zu führen, mit dem Liebsten ein feines Mahl zu schlemmen – all das wirkt sich direkt auf unsere Stimmung aus, wenn wir uns denn erlauben, uns daran zu erfreuen. Dies ist sogar ein direkter Draht zu unserer Gesundheit: Schon drei Minuten nach dem Wohlfühlschauer steigt im Speichel der Spiegel des Wirkstoffs Immunglobulin A an, der Infektionen aus unserem Körper vertreibt. Amerikanische Forscher der berühmten Mayo-Klinik fanden heraus, dass optimistisch gestimmte Menschen Krankheiten besser überstehen und länger leben.
Was macht optimistische und humorvolle Menschen

aus? Was unterscheidet sie von griesgrämigen, »bärbeißigen« und missmutigen Pessimisten? Menschen mit diesem Glückstalent haben ein Lebensziel, pflegen ihre Beziehungen, können mit ihren Mitmenschen lachen, packen Probleme schnell an, nehmen eigene Fehler in Kauf, tragen dafür die Verantwortung und sind dankbar für die erfreulichen Dinge des Lebens. Optimistinnen erkennen die Realitäten des Lebens an, gehen aber davon aus, dass schlechte Zeiten und schwierige Situationen bald vorübergehen. Krisen durchwachsen jedes Leben, werden einem jedoch nicht nach dem Schuldprinzip »von oben« gesandt. Optimistisch eingestellte Menschen glauben einfach daran, dass sie nicht auf Schlechtes abonniert sind. Eine ihrer wesentlichen Eigenschaften ist ihr Sinn für Humor. Sie können über sich selbst und absurde Situationen herzlich lachen.

Sind Sie denn nun als eher pessimistisch gestimmte Frau dazu »verdonnert«, ein Leben lang Pessimistin zu bleiben? Nein! Zwar verdanken wir unsere Lebensgrundstimmung zum Teil unseren Genen, doch können wir unsere schützende »Glücksausstattung« gezielt unterstützen. Dazu müssen wir uns einmal mehr mit unseren Denk- und Verarbeitungsstilen auseinander setzen, die wir in der Kindheit gelernt haben. Diese können positiv oder negativ besetzt sein und uns unmerklich bei der Bewertung dessen beeinflussen, was wir wahrnehmen. Sie können sich am Problem orientieren oder an der Lösung. Bekannt ist das berühmte Beispiel mit dem halb gefüllten Glas: Als Pessimistin sagen Sie betrübt: »Mein Glas ist schon halb leer!«, als Optimistin sind Sie überzeugt: »Fein, mein Glas ist ja noch halb voll!« Wenn Optimistinnen einen Misserfolg zu verzeichnen haben, denken Sie nicht »Ich tauge eben nichts!«, sondern »Nächstes Mal schaffe ich das bestimmt schon wieder!« Pessimistische Frauen beurteilen sich selbst und ihre Lage meistens im Ganzen negativ. Doch Sie selbst haben Einfluss darauf, wie Sie sich fühlen.

»Achtsamkeit« ist das Zauberwort. Achten Sie mehr darauf, was Sie tun und wie Sie empfinden, schulen Sie Ihre Sinne – etwa indem Sie bewusst wahrnehmen, wie Ihr Kaffee duftet, wie Ihnen der Tee schmeckt oder die Orange mundet. Mit dem Leben ist es wie mit dem Weintrinken: Sie müssen in sich hineinschmecken, wenn Sie die feinen Nuancen der Weine kennen- und unterscheiden lernen wollen. Immer und immer wieder muss das Auge den Wein betrachten, die Nase seinen Duft erschnuppern und die Geschmacksknopsen den Geschmack erkosten, bis Ihnen der Wein vom bloßen Getränk als Geschenk der Natur zu einer Offenbarung wird. Man muss die dabei empfundenen Glücksgefühle behutsam und dankbar auf sich wirken lassen.

Humor baut Brücken zu anderen Menschen

Humor ist eine der tragenden Säulen von Optimismus und Lebensfreude. Er ist ein kraftvolles Lebensphänomen. Er hat die Kraft, Menschen einander näher zu bringen: Ein fröhliches Lachen steckt tatsächlich an, da es eine unmittelbare Gemeinsamkeit zwischen Menschen schaffen kann. Negative Gefühle dagegen trennen Menschen und vereinzeln sie. Begeisterung, Fröhlichkeit, Freundlichkeit und Hinwendung werden von Humor gefördert. Humorvolle Menschen sind meist sehr

empathisch – also anderen sehr zugeneigt. Sie haben ein gutes Gespür und Timing für Beziehungen. Sie können sehr sensibel mit Nähe und Distanz umgehen. Sie schaffen es, bei anderen ein Gefühl der Nähe herzustellen, ohne ihnen zu nahe zu treten. Humor bringt uns auch dazu, über unsere eigenen Fehler, Schwächen, Absurditäten und Borniertheiten zu lachen und sie leichter zu ertragen. Auch als Geheimnis einer guten Ehe oder tiefer Freundschaften wird Humor immer wieder genannt. Humor gilt als ein Garant für Liebes- und Lebensglück.
Auch auf der körperlichen Ebene macht sich das bemerkbar. Der amerkanische Humorforscher William Fry hat erkannt, dass ein Mensch, der Sie heiter stimmt, auch körperlich Ihr Herz erreicht. Ihre Lungen, Ihre Muskeln, Ihr Gehirn und all Ihre Drüsen werden angesprochen. Wenn Sie lachen, wird Ihr Herz-Kreislauf-System stimuliert, Ihre Atmung wird angeregt, Ihre Nerven laufen zur Hochform auf, Ihr Gehirn wird besser durchblutet, Ihre Hormone fließen, und Ihr Immunsystem wird gestärkt. Sie können sich gesund lachen und freuen – diese Erkenntnis hat inzwischen auch die Medizin gewonnen.
Wie es mit Ihrer eigenen Humorfähigkeit bestellt ist, müssen Sie unter Umständen erst herausfinden. Jeder Mensch hat seinen ganz individuellen Sinn für Humor, der von seiner genetischen Ausstattung, den Erfahrungen und den eigenen Grundsätzen abhängt. Wer seinem Sinn für Humor näher kommen will, der sollte zwei, drei Tage bewusst darauf achten, welcher Humor ihm wirklich gefällt, rät William Fry. Auf was reagieren Sie begeistert, belustigt oder erheitert? Sensibilisieren Sie sich für Dinge, über die Sie lachen und schmunzeln mögen. Das macht Sie auch sensibler für die »Humor-Signale« von

anderen Menschen. Fry: »Dies wird nicht nur die eigene Freude steigern, sondern auch die anderen werden fröhlicher reagieren – meist führt dies zu einem sich selbst verstärkenden kommunikativen ›Freudes-Kreis‹!« Das ist wie mit der Dankbarkeit für das Geschenk des Lebens und des Liebens: Auch das Empfinden von Freude und Heiterkeit vermehrt sich im Schneeballsystem. Wahrscheinlich, weil in unserem Körper dadurch vermehrt Botenstoffe ausgeschüttet werden, die uns glücklich machen und zärtlich stimmen.

Nehmen Sie das Auf und Ab des Lebens an

Es gibt im Leben zufriedene Zeiten und Krisen, Siege und Niederlagen, Glück und Unglück, Fortschritt und Stillstand. Alles kommt vor, nichts muss vermieden oder verdrängt werden. Der Mensch braucht Probleme, an denen er wachsen kann, sagt der bekannte Göttinger Hirnforscher Gerald Hüther. Betrachten Sie Ihr eigenes Leben neugierig, unvoreingenommen und offen. Schauen Sie den Tatsachen ins Auge, ohne ständig an sich herumzumäkeln und sich mit Schuldzuweisungen zu überschütten. Gerade problematische Eigenschaften verlieren oft in dem Moment ihre Macht, wenn Sie sich deren Existenz eingestehen. Schon von dem Tag an, an dem Sie beschließen, nicht mehr neidisch auf das Aussehen der Kollegin, den Erfolg der Freundin, die Ausbildung Ihrer Schwester, das Temperament Ihres Liebsten zu sein, werden Sie vielleicht darüber lachen können und plötzlich gar nicht mehr so neidisch sein. So gelingt es Ihnen, sich nach und nach von inneren Spannungszuständen zu befreien, die vor allem durch die Schuld- und Schamgefühle entstehen, über die wir ja schon gesprochen haben. So entsteht Raum für neue positive Gefühle und Verhaltensmöglichkeiten.

Wenn das Leben es mal nicht gut mit Ihnen meint, versuchen Sie Ihre Reaktion an denen der Optimisten auszurichten. Selbst, wenn es Ihnen nicht auf Anhieb gelingt:

Akzeptieren Sie Krisen und die damit verbundenen Gefühle: Wenn Ihnen etwas Schlimmes passiert, dann laufen Sie nicht weg aus dieser Situation. Stecken Sie nicht den Kopf in den Sand. Suchen Sie sich aber einen Ort, an dem Sie sich wohl fühlen, wo Sie Ihrer Wut, Ihrer Angst, Ihren Tränen freien Lauf lassen können. Erst dann kommt die Zeit, in der Sie entscheiden können, wie Sie reagieren wollen, wie Sie Ihr Problem lösen wollen und wie es weitergehen kann. Denken Sie daran: Es kann immer auch andere Gründe geben, die weder in Ihnen noch in ihrer jeweiligen Situation liegen.

Suchen Sie nach guten Lösungen: Halten Sie sich nicht damit auf, ständig »Warum ich? Damit werde ich nie fertig.« zu sagen, sondern »Da ist mir etwas passiert, das setzt mir ordentlich zu. Aber ungeschehen machen kann ich es nicht. Was also kann ich tun, um mein Problem zu schultern?« Wir können uns nicht vor schlimmen Ereignissen bewahren, aber wir entscheiden durchaus selbst, welche Folgen sie für uns haben. Ziehen Sie auch äußere Umstände ins Kalkül – vor allem dann, wenn Sie einen Misserfolg zu bewältigen haben.

Suchen Sie sich Unterstützung für die Lösung Ihrer Probleme: Versuchen Sie nicht alle Schwierigkeiten allein zu bewältigen. Sprechen Sie mit wirklich guten Freunden darüber, gehen Sie offensiv damit um. Manchmal können Außenstehende besser erkennen, wo »der Hase im Pfeffer liegt«. Schlimme Dinge passieren allen Menschen. Keiner hat sie »verdient«.

Denken Sie nicht »einmal daneben, immer daneben«, sondern »neue Chance, neues Glück«: Nach einer Weile werden Sie wahrscheinlich feststellen, dass Sie der neuen Erfahrung auch gute Seiten abgewinnen können. Denn es sind ja gerade die Krisen, die uns weiterbringen.

Gelingt es Ihnen, Ihr Problem zu lösen, die Krise zu überstehen, werden sich Denken, Fühlen und Handeln zu Ihrem Glück verändert haben, weil sich im Gehirn neue Strukturen herausgebildet haben. Nun macht sich ein wohliges Gefühl der Zufriedenheit, des Stolzes, der Erleichterung und der Dankbarkeit breit.
Übereinstimmend haben übrigens viele Forscher festgestellt, dass es uns gar nicht so wohl tut, wie wir glauben, wenn wir unsere negativen Gefühle in die Welt hinausschreien. Denn ähnlich, wie sich gute Gefühle im Schneeballsystem vermehren, tun dies auch negative Emotionen. Wenn schon eine Lappalie ausreicht, um Sie rasend zu machen, wirkt sich das nicht nur nachhaltig auf Ihre Laune aus, sondern auch auf die Chemie Ihres Körpers. Denn jede negative Gefühlsregung wie Aufregung, Ärger und Stress provoziert eine Ausschüttung von Hormonen, die Ihren Körper in einen Alarmzustand versetzen. Wenn Sie sich weiter in Ihre Wut hin-

einsteigern, verstärken Sie das Hormonchaos. Natürlich müssen Sie manchmal Dampf ablassen und nicht alles in sich hineinfresssen. Hin und wieder müssen Sie sich gegen Anfechtungen zur Wehr setzen, damit Sie nicht von anderen überrollt werden. Doch Psychologen raten, den negativen Gefühlen keinen freien Lauf zu lassen, sondern sie zu kontrollieren und nur dann herauszulassen, wenn es Ihnen wirklich dienlich ist. Dabei kann Ihnen das Gefühl des Fließens – »Flow« – helfen, zu dem wir gleich noch kommen werden.

Haben Sie Talent zum Glück?

Glücklich werden kann nur, wer genau weiß, was ihn glücklich macht, hat die Forschung ermittelt. Die meisten Menschen machen den Denkfehler zu glauben, ihr vermeintlich fehlendes Lebensglück läge darin begründet, dass sie nicht bekommen, was sie sich wünschen. Nur: Sie wünschen sich das Falsche. Es ist nicht der BMW, nicht die Villa im Grünen, das Zweithaus in der Toscana, die gehobene Position, das gute Einkommen, die uns fröhlich und glücklich machen.

Dass Geld allein nicht glücklich macht, weiß auch der Volksmund (allerdings macht Geld allein auch nicht unglücklich ...). Wer sich mehr Geld wünscht, ist offenbar sogar unzufriedener: »Menschen, die Wohlstand als höchstes Glück ansehen, sind mit ihrem Leben unterdurchschnittlich zufrieden, egal wie viel Geld sie bereits besitzen«, heißt es in der Fachzeitschrift »Psychologie heute«. Auch Krankheit macht Menschen nicht zwangsläufig unzufriedener. Entscheidend ist ihre innere Einstellung dazu, und diese scheint sich mit dem Bewusstsein der Krankheit sogar positiv zu verändern. Auch ein hoher Bildungsgrad macht Menschen nicht glücklicher.

Was uns wirklich glücklich macht

Angenehme Kontakte zu anderen Menschen: Sie stehen ganz oben auf unserer Glücksliste. Glückliche Menschen verbringen die wenigste Zeit allein, sie sind viel im »Kreise ihrer Lieben« – Familie, Freunde, Bekannte.

Liebe und Partnerschaft: Verheiratet zu sein macht die meisten Menschen zufrieden, nicht selten sogar glücklich – vorausgesetzt, die Ehe ist in Ordnung. Singles sind wesentlich seltener rundum glücklich.

In Bewegung sein: Wenn Menschen Dinge tun können, die ihnen Spaß machen und in denen sie aufgehen, sind sie vor Unzufriedenheit geschützt.

Die richtige innere Einstellung: Wer optimistisch ist und Dankbarkeit für sein Leben empfindet, wer anderen vergeben kann, der hat den Schlüssel zum Glück in der Hand.

In einer Studie des bereits erwähnten Optimismus-Forschers Martin Seligmann und seines Kollegen Ed Diener kam heraus, dass die glücklichsten Befragten die meiste Zeit mit Freunden oder der Familie zusammen waren. Die Ehe, ähnliche feste Beziehungen und tiefe

Freundschaften scheinen uns froh und optimistisch zu stimmen. Von den verheirateten Studienteilnehmern sagten 40 Prozent, sie seien »sehr glücklich«, bei den anderen waren es nur 23 Prozent.

Ein interessanter Ratschlag kommt von dem amerikanischen Psychologen Daniel Gilbert: Er meint, wir sollten uns weniger Sorgen um unsere Zukunft machen. Denn wir verschätzen uns leicht mit unseren Erwartungen an unser zukünftiges Glücksgefühl. Menschen sind »unter einer größeren Bandbreite glücklich, als sie das selbst erwarten«. Auf die derzeitige Situation gemünzt könnte dies doch Erfreuliches bedeuten: Selbst wenn es mit Deutschland wirtschaftlich weiter bergab geht, werden wir neue Möglichkeiten entdecken, zufrieden und glücklich zu sein, als es uns jetzt bewusst ist. Freundschaften werden wieder wichtiger werden, wir werden mehr Zeit für unsere Mitmenschen haben und die einfachen Freuden des Lebens genießen können. Es wird immer etwas geben, worüber wir uns freuen können – und wenn es die Tatsache ist, dass es morgens hell wird, wir ohne Schmerzen aufstehen können und der Frühstückskaffee gut duftet. Wer weiß, womöglich wird es uns allen besser gehen, wenn wir den Gürtel enger schnallen müssen. Gehen Sie einfach davon aus, dass Sie in der Zukunft glücklich sein werden, wie auch immer diese aussieht.

Noch einen Tipp hat Gilbert auf Lager: Beobachten Sie Menschen, die bereits in der Position sind, die Sie sich erträumen. Dann verschätzen Sie sich nämlich weniger mit Ihren Erwartungen an die Zukunft: »Die meisten Menschen entwickeln Vorhersagen, indem sie sich eine zukünftige Situation mental vorstellen und dann zu erspüren versuchen, wie sie sich fühlen werden. Solche inneren Simulationen und Projektionen sind aber anfällig für vielfältige Fehler und Verzerrungen.« Dazu müssen Sie allerdings die Hürde überwinden, dass der Mensch nicht gerne andere als Wegweiser nimmt, denn jeder möchte ja einmalig sein.

Das Tao des Glücks

Das große Glück ist also nicht das Haben, sondern das Sein. Champagner, Kaviar und teuere Urlaubsreisen bescheren uns nicht das tiefe Gefühl von Erfüllung, das sich in Beziehungen finden lässt. Auf die große Frage, wonach der Mensch in seinem Leben strebt, gab ein indischer Yogalehrer einmal eine sehr einfache Antwort: »nach dem guten Gefühl«. Manche nennen diesen Zustand Zufriedenheit, andere innere Ruhe, Gelassenheit oder im Einklang sein mit sich und der Welt. Doch wie fühlt sich das an? Wir werden innerlich weit, immer weiter, ein warmes Gefühl strömt aus dem Herzen und breitet sich von dort über den gesamten Körper aus, erfüllt unser ganzes Sein und schenkt uns ein wunderbares Leuchten. Jeder von uns hat dieses Gefühl schon erlebt: In einer Liebesnacht, bei einem überwältigenden Naturschauspiel, nach einem berauschenden Erfolg, im innigen Zusammensein mit unserem Kind oder Partner, einem tiefen Gespräch mit einem wertvollen Menschen, in Momenten tiefster Entspannung und völligen Loslassens.

Wie schaffen wir es, dieses Glücksgefühl zu erhalten? Indem wir unser Bewusstsein, unsere Gedanken umpolen.

Wir sollten begreifen, dass dieses Gefühl bereits in uns ist, dass wir es nicht außerhalb unserer Person suchen müssen. Wir können unsere Suche nach irgendwelchen äußeren Auslösern aufgeben. Wir können erleichtert feststellen, dass sich Zufriedenheit und Glücksgefühl nicht durch den Kauf eines Parfüms oder eines neuen Kleides erzielen lassen. Das damit verbundene Hochgefühl ist flüchtig. Ganz ähnlich verhält sich das mit Drogen. Manche werden süchtig nach diesen äußeren Kicks. Sie jagen ihnen nach und wenden immense Energien auf, sie immer wieder zu bekommen. Manche vergeuden ihre ganze Lebenskraft mit dieser Jagd.

Stell dir vor, du bist glücklich und merkst es gar nicht

Das echte, wahre, wirklich gute Gefühl will nur gefühlt werden – es steckt in Ihnen, in mir, in uns allen. Statt darüber nachzugrübeln, wie Sie glücklich werden, können Sie es einfach sein. Wir alle können Glück in uns selbst entstehen lassen. Denn auch das Glücksgefühl ist eine Frage des Bewusstseins. Wenn wir unsere inneren Antennen darauf ausrichten, kann es sich einstellen, sobald wir entspannen und äußere Dinge loslassen. Wenn wir uns wohl fühlen, durchströmt uns das gute Gefühl, und wenn wir es als solches einmal erkannt haben, dann erkennen wir es immer wieder. Wir lernen mit der Zeit, es zu kultivieren und immer öfter immer intensiver darin zu baden. Irgendwann verstehen wir sozusagen »am eigenen Leib«, worum es geht: Wir selbst sind das, was wir irgendwo draußen gesucht haben.

Fangen Sie also an, mit wachen Sinnen Körper und Seele zu entspannen, die Zeit fließen zu lassen und immer wieder einfach zu »sein«. So beginnen Sie, sich zu spüren und Ihr Glücksempfinden auszudehnen. Eine entspannte Körper- und Geisteshaltung ist die Basis dafür. Nach einiger Zeit haben Sie Ihr Glücksbewusstsein so weit entwickelt, dass Sie auch die Freude an den kleinen Augenblicken erkennen. Wer mit offenem Herzen und offenen Augen durch die Welt geht, entdeckt überall etwas, worüber er sich freuen kann. Das kleine Glück am Wegesrand. Es ist allgegenwärtig. Sie müssen nur hinschauen, es erkennen – und genießen. So, wie Sie als Kind unbelastet und fröhlich gespielt haben, nur aus der Freude am Augenblick heraus. Dieses Glücksgefühl ist gepaart mit Dankbarkeit, so fühlen zu können, die Welt so empfinden zu dürfen. Und es vermehrt sich dann gewissermaßen durch »Zellteilung«.

Das Glücksgefühl nährt sich aus Gelassenheit

Akzeptieren Sie den Lauf des Lebens, das bringt Ihnen Gelassenheit. Gelassen zu sein ist keine angeborene Fähigkeit, es ist eine Lebenshaltung, zu der Sie sich entschließen müssen. Gelassenheit müssen Sie wahrscheinlich erst einmal üben. Gelassenheit hat nichts mit Trägheit oder Faulheit zu tun, sondern mit innerem Abstand. Ein gelassener Mensch betrachtet alles, was um ihn herum und mit ihm selbst geschieht, mit Gleichmut. Das wiederum hat nichts mit Gleichgültigkeit oder Resignation zu tun, sondern mit Ausgeglichenheit. Ein gelassener Mensch schaut darauf, dass

seine negativen Gefühle und seine Emotionen überhaupt nicht »ins Kraut schießen«.
Was Sie dabei überwinden müssen, ist die allgemeine Vorstellung, dass »etwas zu lassen« gleichbedeutend mit »nicht erfolgreich zu sein« ist. Etwas zu tun erscheint uns mehr wert, als etwas lassen. Doch wir brauchen auch einmal eine Pause von unserem hektischen Alltagsleben, eine Verschnaufpause von der Welt der Veränderungen. Der gelassene Mensch wendet sich seiner Seele zu, er verschafft ihr Ruhe, Seelenruhe. Er findet seine Mitte, in der er ruht. In jeder Situation sucht er die angemessene Reaktion, das Richtige zu tun oder zu lassen. »Gelassenheit ist eine Tugend, die die Hitzköpfe mäßigt, die Trostlosen vertrauensvoll in die Zukunft schauen lässt, die Ungeduldigen zügelt, die Enttäuschten aufmuntert, die Aggressiven entschärft.«, analysiert die Baseler Philosophie-Professorin Annemarie Pieper. Gelassenheit ist nicht Gleichgültigkeit. Ein Mangel an Mut und Zivilcourage, da zu handeln, wo wir handeln müssen, ist nur eine »Schein-Gelassenheit« – ebenso wie Coolness.

Fließen Sie ins Glück

»Flow« – so nennt der amerikanische Psychologieprofessor Mihaly Csikszentmihalyi seine Vorstellung vom Glücklichsein. Flow – englisch für Fließen – bezeichnet jenen Glückszustand, den Sie erreichen, wenn Sie so in etwas vertieft sind, dass alles andere bedeutungslos wird, wenn Sie Zeit und Raum vergessen. Das Gefühl des Fließens können Sie dort erleben, wo Sie sich mit

einer Tätigkeit verbinden – bei der Arbeit, in der Freizeit, vor allem aber mit anderen Menschen zusammen – und ganz alleine für sich.
Um durch dieses Fließen zu positiven Gefühlen zu kommen, müssen Sie sich ganz bewusst und aktiv auf etwas einlassen – was immer das für Sie sein mag. Für die einen ist es Tanzen, bei dem der Körper so im Rhythmus der Musik aufgeht, dass er ein Teil der Musik wird. Andere schreiben Gedichte, bei denen die Worte nur so aus der Feder fließen. Aber das gute Gefühl kann auch beim Bedienen einer Maschine oder einem anderen technischen Vorgang entstehen, bei dem ein Handgriff ganz selbstverständlich und folgerichtig dem nächsten folgt. Nicht wenige Menschen erleben ihren »Flow« während des Sports. Beim Joggen oder Bergsteigen zum Beispiel beginnt irgendwann der Augenblick, wo das ewige Gedankenkreisen aufhört. Der Körper bewegt sich in seinem eigenen Rhythmus, alles geht oder läuft wie von alleine, man selbst wird zur Bewegung, Geist und Körper werden eins.
Am einfachsten erreicht man dieses Gefühl von innerer Harmonie, Glück und Freude, wenn man allein ist. Eine krebskranke Frau beschreibt dies so: »Nach den langen Wochen der Therapie habe ich mich zum ersten Mal richtig tief in die Mähne meines Pferdes vergraben und den Geruch eingesogen. Dann bin ich in den Wald geritten, langsam fiel alles von mir ab. Ich habe gespürt, wie meine Energie zu fließen begann. Die quälenden Gedanken hörten auf, ich war im Einklang mit mir, meinem Pferd und der Natur.« Eine Hobbygärtnerin sagt: »Wenn ich die Osterglocken sehe, die ich im Herbst gesetzt habe, ihren Duft rieche und dazu die

ersten Strahlen der Frühlingssonne spüre, wird mir innerlich ganz wohl vor Glück.«
Einen Gleichklang der Gefühle mit anderen Menschen kann aber auch beispielsweise ein Orchestermusiker erleben: »Man merkt, wie alles aufeinander zuläuft, wie alles passt, wie es wächst und die Musik einen durchdringt. Wenn ich spüre, dass es meinen Kollegen genauso geht, dann registriere ich das als ein zutiefst beglückendes Gefühl. Es trägt mich über mich selbst hinaus und lässt mich mit den anderen zu einem harmonischen Ganzen zusammenwachsen.«
Viele beschreiben die totale Hingabe an das, was gerade mit einem geschieht, als ein »inneres Strömen«, als das Gefühl »von einer Sänfte« getragen zu werden, zu schweben oder als »inneren Gleichklang«. Alles passiert spontan und ergibt sich wie selbstverständlich aus dem, was man zuvor getan hat. Menschen im »glücklichen Fließen« haben ihre gesamte Aufmerksamkeit nur auf einen Punkt gerichtet. Sie spüren genau, was sie tun wollen und ob das, was sie tun, richtig ist. Die meisten vergessen dabei die Zeit, oft auch das Essen oder Schlafen – ja, sie scheinen dabei nicht einmal müde zu werden. Den »Flow« kann der Golfer auf dem »Green« ebenso erleben wie der Gärtner beim Umgraben der Erde, die Hausfrau beim Gemüse putzen, der Schüler beim Lernen, der Senior beim Spielen mit dem Hund. Selbstverständlich entsteht das gute Gefühl auch beim Nichtstun – aber nur, wenn es sich um das ganz bewusste, aktiv in Angriff genommene Nichtstun handelt – zum Beispiel mit dem Ziel, den Körper zu entspannen und Innenwelten zu erforschen. Wer faul und passiv auf dem Sofa liegt und sich durch die TV-Pro-

gramme zappt, dem bleibt das Glückserlebnis sicher verwehrt.

Ein Stolperstein auf diesem Weg zum fließenden Glück ist nämlich häufig der Mangel an Konzentration und das schon erwähnte Multitasking. In unserem Kopf tobt meist das Chaos – das ist unser geistiger Normalzustand. Bruchstücke von Erinnerungen, Bildern und Problemen sausen in Windeseile durch das Gehirn und sind nur mühsam zu bändigen. Die meisten von uns versuchen, sich davon von Zeit zu Zeit abzulenken – etwa indem sie fernsehen. Doch nebenher wird noch allerlei anderes gemacht, in der Fernsehzeitschrift geblättert, Chips geknuspert, mit Mama telefoniert, gequatscht, gegessen, gelesen, gezappt.

Glücksforscher Csikszentmihalyi hat auch ermittelt, warum viele Menschen das Fließen nicht erleben können: Weil sie ihre Psyche mit vielen gleichzeitigen Aktivitäten verwirren. Wer gleichzeitig telefoniert, im Internet surft und vielleicht nebenbei noch Musik hört oder einen Spielfilm im Fernsehen anschaut, hat keine Chance auf ein gutes Gefühl. Auch Menschen, die zu viel arbeiten, zu viele Verpflichtungen am Hals haben oder sich immer wieder vom Handy aus der Konzentration reißen lassen, kommen nicht in den Glückszustand. Dorthin gelangen nur diejenigen, die sich bewusst ausklinken können, sich die Zeit und die Freiheit nehmen, sich aus dem äußeren Geschehen zurückzuziehen und sich ungestört einer einzigen Sache zu widmen. Das nennen wir Glück.

Wie gut sind Sie gestimmt?

1 *Was glauben Sie, wie es Ihnen in 10 Jahren gehen wird?*

A Wahrscheinlich werde ich nicht da ankommen, wovon ich heute träume.

B Ich habe einen netten Mann und einen einträglichen Job.

C Ich bin für alles gerüstet, ich werde es schon packen.

2 *Sie haben ein wirklich prima Chef, doch leider wird er verse und nimmt auch gleich noch Ihre Konkurrentin mit. Wie gehen S damit um?*

A Ich bin schwer gekränkt und frage mich: Warum hat er nicht mich mitgenommen?

B Ich rufe erst einmal meine beste Freundin an, der neulich etwas Ähnliches passiert ist.

C Das finde ich gar nicht so schlimm, wenigstens kenne ich in dem anderen Unternehmen dann auch schon zwei Leute.

3 *Ihre Freundin wirft Ihnen ziemlich erregt vor, dass Sie mit ein anderen Freundin über sie gesprochen haben und etwas indiskr waren. Was tun Sie?*

A Ich sage ihr, sie soll sich an die eigene Nase fassen und erinnere sie daran, was sie bereits alles anderen über mich erzählt hat.

B Ich bin auch wütend und knalle den Telefonhörer auf.

C Ich versuche, sie zu beruhigen und die Situation zu entdramatisieren, denn so schlimm war es gar nicht.

4 *Sie gehen mit Freunden endlich einmal wieder joggen. Trotz la ger Pause sind Sie erstaunlich gut drauf und schneller als die and ren. Was denken Sie?*

A Ich habe wohl einen guten Tag erwischt.

B Nicht schlecht, aber ich war schon mal besser.

C Ich bin ein echt fittes Kerlchen und sollte wieder öfter laufen.

Nach sechs Monaten wird Ihr neuer Freund plötzlich ernst und ·ndigt an »Ich muss mit dir reden.« Was geht Ihnen durch den ›pf?

Ach du liebes Bisschen, habe ich mir etwa schon wieder so einen Problemtypen angelacht?

Wie gut, dass er nicht gleich das Weite gesucht hat.

Ich finde es prima, dass er mit mir über seine Probleme sprechen will.

Auf Ihrem Schreibtisch liegt seit einigen Tagen ein ungeöffneter ·ief. Darin ist die Rechnung für das sündhaft teure Möbelstück, ıs Sie neulich erstanden haben. Was nun?

Als mein Mann mich darauf aufmerksam macht, merke ich erst, dass ich etwas nervös wegen des vielen Geldes bin.

Ich bin angespannt und überlege, den Brief erst morgen zu öffnen.

Ich schwöre mir selbst in die Hand, im nächsten Monat nicht mehr so leichtsinnig zu sein. Dann öffne ich den Brief und schaue den Tatsachen ins Gesicht.

Im Auftrag Ihrer Firma sollen Sie einen Vortrag halten. Sie kom- en prima vorbereitet am Veranstaltungsort an, haben aber leider re Overhead-Folien vergessen.

Ich entschuldige mich gleich eingangs bei den Zuhörern und versuche, so gut es geht, zurechtzukommen.

Ich denke mir einen humorvollen Anfang für den Vortrag aus und beschreibe mit Worten, was auf den Folien stand.

Ich besorge mir schnell Folien und schaue, dass ich das Wichtigste noch einmal schnell zusammenschreibe.

8 Ihr Chef hat Sie vor allen Kollegen abgekanzelt. Sie sind richt sauer auf ihn. Wie reagieren Sie in einem solchen Fall?

A Ich gehe beleidigt nach Hause, schreibe ihm einen geharnischten Brief, den ich ihm am nächsten Morgen überreiche.

B Ich schreibe ihm einen Brief, zerreiße ihn aber gleich wieder.

C Ich atme ganz tief durch und versuche zu überlegen, wie ich die Situation er schärfen kann.

9 Ihr Mann sagt Ihnen, dass er in letzter Zeit nicht allzu viel Ve langen nach Ihnen hat. Wie reagieren Sie?

A Ich gehe beleidigt aus dem Zimmer und versuche, mich irgendwie abzulenken.

B Ich rufe meine beste Freundin an und spreche das ausführlich mit ihr durch

C Ich gehe eine Runde laufen, um mich abzureagieren und nachzudenken.

10 Sie sind zu einem Konzertbesuch mit Ihrer Freundin verabr det, werden aber vorher von Ihrer Mutter in ein Streitgespräch ve wickelt. Sie sind äußerst geladen und viel zu spät dran.

A Erst einmal lasse ich meinen Ärger am Taxifahrer aus.

B Im Taxi ist feine Musik, und ich summe mit, damit meine Stimmung wieder steigt.

C Ich plaudere mit dem Taxifahrer und lenke mich so ab.

11 In Ihrer neuen Wohnung ist eine Wand in einer Farbe gestr chen, die Sie ganz schrecklich finden. Was tun Sie?

A Ich fahre gleich zum Baumarkt, kaufe mir einen Eimer mit meiner Lieblingsfarbe und lege sofort los.

B Ich versuche, mich an die Farbe zu gewöhnen.

C Ich hänge irgendetwas drüber – ein Bild oder ein Stück Stoff, in der Hoffnung, dass dann von der schrecklichen Farbe nicht mehr viel zu sehen ist.

ich
1C 11B 1A | 11A 1C
1B ?

ıswertung

Geben Sie sich für jedes A 1 Punkt, für jedes B 2 Punkte und für jedes C 3 Punkte und addieren Sie diese nun zusammen:

bis 18 Punkte:

Sie sollten versuchen, das Leben etwas lockerer zu nehmen. Denn Sie mühen sich zu sehr ab und neigen dazu, Ihr Temperament an der falschen Stelle zu verschwenden. Aber Sie haben durchaus das Potenzial, Ihr Leben positiver zu sehen und zu gestalten. Sie müssen sich dafür allerdings etwas mehr anstrengen als andere. Denn Sie sollten sich klar machen, dass nicht immer andere Schuld sind, wenn Ihnen etwas Negatives widerfährt. Sie selbst tragen die Verantwortung für Ihre Gefühle. Vergleichen Sie sich nur mit Menschen, denen es schlechter geht als Ihnen – wenn Sie sich denn überhaupt vergleichen müssen.

bis 24 Punkte:

Sie laufen Gefahr, die opimistische Seite Ihres Wesens aus dem Auge zu verlieren. Sie sind zwar auf Harmonie bedacht, aber mehr, um sich bei anderen nicht unbeliebt zu machen. Stärken Sie Ihr Optimismus-Potenzial und Ihre Glücksbegabung. Sie geben sich zwar oft positiv gestimmt, sind es aber nicht wirklich. Manche Menschen empfinden Sie dann als etwas oberflächlich – so, als wollten Sie sich mit wirklichen Problemen und Beziehungskrisen gar nicht erst auseinandersetzen.

er 24 Punkte:

Bravo, Ihr Stimmungsprofil ist sehr ausgeglichen. Sie haben ein hohes Optimismus-Potenzial und gehen viele Dinge mit einer beneidenswerten Leichtigkeit an. Sie entkrampfen schwierige Situationen und meistern Probleme oft auf Anhieb. Das beeinflusst Ihre Liebesfähigkeit, Ihre Lebenserwartung, Ihre Gesundheit und Ihre Zufriedenheit ganz enorm. Menschen wie Sie sind glücksbegabter als andere, überstehen Belastungen besser und landen wie Katzen immer wieder auf den Füßen. Sie wissen, was Sie brauchen, und fühlen sich wohl in Ihrem Leben.

7. Erfolgsgeheimnis

Machen Sie das Beste aus Ihrer Liebe

Fünf Minuten
für die *Liebe*

Öffnen Sie Ihr Herz für die Selbstbestimmung

Wie sehr treffen diese Aussagen auf Sie zu?

- Durch mein Verhalten erreiche ich Menschen, die mich positiv anregen und motivieren. Zu meinen wichtigsten Bezugspersonen schaffe ich sowohl die gewünschte Nähe als auch den notwendigen Abstand.
- Wenn ich mich einmal nicht wohl fühle, verstehe ich es immer, durch mein Verhalten Zustände zu erreichen, die mein Wohlbefinden wiederherstellen.
- Wenn mir eine Situation, eine Gruppe von Menschen oder eine Person nicht gut tun, entwickle ich so lange unterschiedliche Aktivitäten, bis ich die Zustände zu meiner Zufriedenheit verändert habe.

  man kann nicht alles ändern.
- Wenn ich mich in einer Situation bedroht fühle, verhalte ich mich letztlich immer so, dass ich aus dieser wieder heil heraus komme.

  … leider nicht immer…
- Wenn mein Verhalten zu einem Misserfolg führt, ist dies nie ein Grund zur Resignation, sondern Anlass zur Verhaltensänderung.
- Ich bin immer wieder fähig, neue Gesichtspunkte und Verhaltensweisen zu finden, die eine überraschende und angenehme Problemlösung ermöglichen.

Ohne dich ist die Milch schwarz

Natürlich müssen wir jetzt endlich von der Liebe sprechen. Von der großen Liebe, von den kleinen Lieben. Alle Menschen träumen von der Liebe und dass sie uns ein Leben lang begleiten möge. Jeder Mensch will von anderen geliebt werden. Liebe, Zuwendung, Anerkennung, Wertschätzung und Verlässlichkeit gilt den meisten als Quell der Lebensfreude, als »Fels in der Brandung« eines anstrengenden Zeitalters. Wir sehnen uns nach dem Zusammensein mit anderen Menschen. Menschen, die uns gut tun. Menschen, auf die wir uns verlassen können. Die erste Liebe erfahren wir von unseren Eltern. Das ist die Liebe, die unser Leben und unsere Liebesfähigkeit prägt. Von hier aus begeben wir uns auf die Suche nach der »großen Liebe«.

Die »große Liebe« – ob es sie gibt, weiß eigentlich keiner so genau. Scharen von Philosophen, großen Denkern und Wissenschaftlern haben sich darüber das Gehirn zermartert. Schriftsteller haben sie beschrieben, Maler haben sie gemalt, Sänger sie besungen. Die Sehnsucht nach der einen allumfassenden »großen Liebe« tragen wohl alle Menschen in sich. Unabhängig von Kulturen und Lebensweisen zeichnet sie ein Bild: Irgendwo in diesem Universum wartet eine einzige Person, Mann oder Frau, auf uns, die direkt für uns »gemeint« ist. Wenn wir sie treffen, werden die Grenzen unseres Ichs aufgehoben, wir werden miteinander verschmelzen und endlich nicht mehr allein in uns sein. Die allumfassende Liebe als die große Erlösung aus der Einsamkeit des menschlichen Lebens. Ein Gedanke, der einerseits auf einen direkten Weg nach der

Frage nach dem Woher und Wohin des Lebens geht. Diese Liebe hat eine religiöse Qualität. Man glaubt, das Wunder der Liebe werde einem von Gott oder einer höheren Macht geschenkt. Man sei auf immer und ewig füreinander bestimmt. »Es ist unsere mögliche Annäherung an das Göttliche«, schreibt der Schriftsteller Carlos Fuentes.

Nur die Liebe lässt uns »ganz« werden

Die Schweizer Psychoanalytikerin Verena Kast analysiert die Sehnsucht nach der großen Liebe als das Bedürfnis, einen Menschen zu treffen, der bestimmte Fähigkeiten und Bedürfnisse aus uns »herausliebt«, also zu unserer Entfaltung und Authentizität beiträgt. Eine solche Liebe bedeutet Aufbrechen und Wachsen, zur eigenen »Ganzheit« streben. In den ersten Momenten solcher Liebe »weiß man, wie man von Gott gemeint ist«, hat es einmal jemand formuliert.
Andererseits katapultieren uns diese immensen Erwartungen an die Liebe aber auch in einen Alltag, der mit seinen ganz besonderen Erfahrungen aufwartet. Jede Liebe ist ein Schritt ins Reich der Sinne und der Seele, aber auch ins Reich der Irrungen und Wirrungen. Denn jede noch so große Liebe wandelt sich im Laufe der Zeit. Sie kann auch erlöschen, wenn der andere dem Ideal nicht mehr entspricht oder wenn das eigene Ich-Ideal sich wandelt, wenn wir im Laufe des Lebens andere Vorstellungen davon entwickeln, wer und wie wir gerne sein, wie wir leben und lieben möchten.

Dann wächst die Ungeduld mit dem anderen, die Neugier auf etwas Neues, und die Sehnsucht nach einem anderen Menschen wächst, der etwas Neues aus uns »herausliebt«.
Wir leben in einer Gesellschaft, in der kurzfristige Bindungen viel selbstverständlicher sind als in früheren Zeiten. Werte wie Beständigkeit, Treue oder Selbstlosigkeit haben an Wert verloren. Noch nie haben sich die Veränderungen so gejagt, haben sich Moden und Meinungen so rasch abgelöst, vieles, was jetzt noch gilt, ist wahrscheinlich morgen schon überholt.
Liebe hat es heute schwer, denn sie ist nicht »cool«. Wer liebt, ist verletzlich und gerät automatisch in die Abhängigkeit von seinen Gefühlen. Deshalb tun wir uns heute sehr viel schwerer mit der Liebe. Wir wollen den Höhenflug, aber die Talfahrten nicht. Wahres, wirkliches, tiefes Leben und Lieben wird jedoch aus den Kontrasten gespeist, aus den tiefen Gefühlen, aber auch aus den Schmerzen.
Dennoch sagen die meisten Menschen »Ja, es gibt die ›große Liebe‹!« Sie teilen sich in zwei große Gruppen: in die Jungen, die an sie glauben, aber noch nicht wirklich wissen, ob es sie gibt. Und in diejenigen, die auf eine lange Partnerschaft mit Höhen und Tiefen zurückblicken und die Zweisamkeit noch immer als beglückend empfinden. »Ich bin jetzt über 30 Jahre verheiratet, und ich muss gestehen, die letzten Jahre waren die schönsten. Die ›Kinderaufzucht‹ ist erfolgreich beendet, wir sind wieder ein Paar und genießen es!«, sagte mir neulich eine Kollegin. Sie beschwerte sich allerdings auch darüber, dass es dem Zeitgeist entspräche, über langjährige Beziehungen zu lästern – nach dem

Motto »Bei euch ist alles nur Gewohnheit, ihr merkt gar nicht mehr, dass ihr nicht glücklich seid!«. Eine junge Frau schrieb kürzlich an eine Zeitung: »Ich bin mir sicher, dass ich meine große Liebe gefunden habe. Manchmal wünschte ich mir, wir wären uns erst zehn Jahre später begegnet, weil meines Erachtens unser junges Alter ein Problemfaktor für die Haltbarkeit unserer Liebe ist.«

Liebe ist etwas so unglaublich Wichtiges, ein so lebensnotwendiger Ausgleich für die Kälte, die das alltägliche Leben in unserer heutigen Welt mit sich bringt. Hat man sie gefunden, sollte man sie pflegen und nicht auf's Spiel setzen. Und wie wir gesehen haben, liegt ein großer Teil der Schwierigkeiten, die wir mit unseren Beziehungen haben, in uns selbst begründet. Liebe ist ein kostbares Geschenk, sie bringt auch viele Schwierigkeiten mit sich. Bewähren muss sie sich dann, wenn große Probleme vor der Tür stehen: Arbeitslosigkeit, Krankheit, Tod der Eltern oder eines Kindes, Kinder, die sich nicht so entwickeln, wie man es gehofft hatte und andere unerwartete Geschehnisse, die zusammen »geschultert« werden müssen.

Der Absturz von »Wolke sieben«

»Der Alltag zieht nach der Phase der rosaroten Brille bereits nach einigen Monaten ein.« – sagen Liebesforscher. Dann beginnt eine Art Umbau von großer Leidenschaft auf lang währende Zärtlichkeit und Zuwendung. Ob Sie in Ihrer Beziehung auf exklusive Zweisamkeit setzen, doch immer etwas Sicherheitsabstand wahren wollen oder sich als Team verstehen, ist eine Frage Ihres Beziehungsstils. Jedes Paar muss nun für sich die richtige Mischung zwischen Abstand und Nähe herausfinden. Nach einigen Jahren reden Paare nur noch neun Minuten am Tag wirklich miteinander – der »Rest« geht drauf für den Austausch über Kinder, Arbeit und Alltägliches. Dennoch sagen Psychologen, dass wenige Minuten echten Gesprächs ausreichen, um die Beziehung am Leben zu halten. Dabei geht es weniger um die Minuten als um die Aufmerksamkeit, die man sich schenkt. In den Anfängen der Beziehung geben besonders Frauen der Meinung und den Wünschen ihres Partners schnell nach, um die Harmonie nicht zu zerstören und aus der Angst, den Partner zu verlieren. Diese Nachgiebigkeit nimmt mit den Jahren ab. Nun ist es an der Zeit, sich der Partnerschaft zu widmen, wenn sich nachhaltig das Gefühl von Sicherheit und Geborgenheit einstellen soll.

Am Anfang reichen einem verliebten Paar tiefe Blicke für die Verständigung miteinander aus. Doch das ändert sich bekanntlich mit der Zeit. Mit der Kommunikation – mit dem gesprochenen Wort – tritt das Trennende zwischen die Liebenden. Je intensiver der sprachliche Austausch ist, desto offensichtlicher wird: Die Verständigungsmöglichkeiten sind begrenzt, die Beziehung ist nicht bedingungslos, es werden Erwartungen gestellt, Hoffnungen gehegt, die zur konkreten Erfüllung drängen. Die Partner werden konfrontiert mit der Tatsache, dass der oder die Geliebte anders ist als man selbst, aber auch, dass die eigene Liebesfähigkeit voller Widersprüche ist.

Zusammen und doch allein in der eigenen Haut

»Liebende werden mit der Tatsache konfrontiert, dass die Sehnsucht nach der absoluten Liebe nicht erfüllbar ist!«, schreibt der Züricher Psychiater Professor Jürg Willi. Die beiden Partner bleiben sich im Letzten doch immer fremd. Dafür nennt Willi vor allem drei Gründe:

- Jeder Mensch ist eine eigene Person und für den anderen nur begrenzt zu verstehen und zu erfahren. Auch das ernsthafteste Bemühen um Verständigung und Selbstoffenbarung scheitert an der eigenen Wahrnehmung des anderen.

- Jeder hat mit einer eigenen widersprüchlichen und zumeist angsterfüllten Liebesfähigkeit zu kämpfen. Neben dem Wunsch nach Verschmelzung mit einem anderen Ich bringt der Mensch auch den Drang nach Freiheit, Unabhängigkeit und Freiheit mit in die Beziehung ebenso wie Angst vor Abhängigkeit und davor, sich für den Partner selbst zu verlieren. »Aus diesem Zwiespalt heraus kann die Liebe ambivalent sein, schwankend zwischen dem Bedürfnis nach Nähe und Distanz, unberechenbar und sich jeder Verpflichtung entziehend und damit oftmals zutiefst verletzend. Es kann sich ein Chaos von Gefühlen entwickeln, von Liebessehnsucht, Frustration, Wut auf den Partner und auf sich selbst, von Scham und Schuldgefühlen über das eigene Ungenügen!«, analysiert der Psychoanalytiker.

- Als dritten Grund nennt er die Untreue, die den Betrogenen immer im innersten Kern trifft und das Gefühl der Getrenntheit, der Einsamkeit mit sich bringt.

Und weil uns die Liebe so wichtig ist, wollen wir alles besonders vorschriftsmäßig machen. Doch viele kommen mit dem Wechselbad von Nähe und Distanz, von sich widerstreitenden Gefühlen nicht besonders gut klar. Wir hoffen auf Freiheit und absolute Hingabe zugleich und meinen, der Partner wird es schon richten. Doch wir übersehen dabei, dass es für ihn genauso um »Kopf oder Zahl« geht. Oft erwarten wir vom anderen, was wir selbst nicht zu geben bereit sind.

So schleichen sich meist mit der Zeit Streit und Machtkämpfe ein, die man sich anfangs nicht vorstellen konnte. Das Miteinander wird steif und unspontan, das Klima künstlich und drückend wie die Luft vor einem Sommergewitter. Die Stimmung ist durchsetzt von Zweifeln und Hilflosigkeit, von der Angst zu scheitern und wieder allein im Universum dazustehen und gleichzeitig vor der Angst, zu viel von sich selbst preiszugeben, die Schutzhüllen fallen zu lassen.

Liebe ist nicht beliebig

Ist die Liebe zu groß, zu klein, zu blind, zu gewollt, zu überdreht, zu rosarot oder zu kopflastig?
Dass Wunsch und Wirklichkeit im Leben auseinander klaffen, ist völlig normal. Dennoch verschwenden viele Paare, insbesondere die Frauen ihre Zeit damit, ihre

Partnerschaft ihren Vorstellungen anzupassen, anstatt die Eigenarten dieser Beziehung wahrzunehmen. Sie reiben sich in dem Versuch auf, sich einen idealen Partner und eine makellose Beziehung zurechtzustutzen. Doch eine Beziehung ist kein Buchsbaum, den Sie beliebig mit der Heckenschere formen können. Eine Beziehung muss nicht alles sein, um von uns akzeptiert zu werden. Sie muss nicht automatisch perfekt sein. Und nur, weil es an der einen Ecke hapert, muss sie noch nicht im Ganzen kaputt sein.

Ich beobachte rings um mich herum Frauen, deren letzte große Liebe zu Ende ist, sich verlaufen hat, gescheitert ist oder auch leichtfertig »gescheitert wurde«. Und die mit sich allein sind mit der Sehnsucht nach Liebe und der nur vagen Hoffnung, dass diese Sehnsucht irgendwann einmal wieder auf ein Gegenüber trifft. Doch treffen sie dann auf jemand Neues, wird dieser seziert, in seine Einzelteile zerlegt und daraufhin überprüft, ob die Einzelteile so zusammengebaut werden können, dass das Endergebnis in die eigenen Schubladen passt. Das Ende vom Lied: Eine gescheiterte Beziehung mehr. Fast jede zweite Ehe landet irgendwann beim Scheidungsrichter. Meist sind es heute die Frauen, die diesen Schritt betreiben. Sie klagen darüber, dass ihnen in ihrer Beziehung Etliches fehlt: Intimität, Respekt, Anerkennung, sexuelle Zufriedenheit, Kameradschaft, Kommunikation, die Fähigkeit, gemeinsam Probleme zu lösen und die positive Einschätzung des Partners, die eine gute Partnerschaft ausmachen. Doch sie fragen sich selten, ob sie dies auch selbst zu geben bereit sind.

Im Zeitalter der »Ex-und-hopp-Beziehungen« scheinen viele von uns die Partner auszutauschen wie die Kleidungskollektionen. Viele Paare trennen sich, ohne ihrer Beziehung wirklich eine Chance gegeben zu haben. Denn der Erwartungsdruck an eine Beziehung ist heute hoch. Wir erwarten wie selbstverständlich hundertprozentige Erfüllung unserer Vorstellungen. Was nicht passt, wird passend gemacht oder weggeworfen. Die großen Paradieswünsche lassen sich fast immer auf unsere kindliche Sehnsucht nach einer heilen Welt zurückführen. Geborgenheit, Vertrautheit und Ausschließlichkeit der Beziehung, das wünscht sich die Kinderseele in uns, selbst wenn wir längst erwachsen sind. Und das soll uns der Partner möglichst ohne Brüche bescheren. Zur Lebensreife gehören aber auch Trauer, Enttäuschungen und Rückschläge. Wenn man verlassen wurde, wenn es so aussichtslos war, dass man selbst ging oder wenn der Liebste einem durch den Tod genommen wurde, gehen wir durch ein tiefes Tal. Da erkennen wir, dass »alles tun und lassen zu können, was man will« kein Wert an sich ist. Der Geschmack des Alleinseins kann sehr schal sein – ganz besonders, wenn wir älter werden.

Jeder denkt mal »Ich will hier ›raus‹!«

Eine Liebe ohne Krisen gibt es nicht. Das ist aber auch gar nicht schlimm, denn es beweist, dass eine Paarbeziehung eine lebendige Sache ist, die ihre Ruhephasen ebenso wie ihre Wachstumszeiten hat. Partnerschaft ist

eine Chance, seine Identität weiter zu entwickeln, weil wir uns im anderen spiegeln können. In jeder Beziehung spielen wir aber immer mal wieder den Gedanken an Trennung durch – insbesondere, wenn wir uns heftig streiten. Das ist ganz normal. Doch wenn diese Gedanken nicht mehr weichen wollen, dann schwebt über der Beziehung ein »Damoklesschwert«. Die endgültige Trennung wird oft notwendig, weil die »kleinen Trennungen« im Alltag nicht klappen. Wenn wir es nämlich nicht schaffen, uns im Kleinen zu trennen, sprich: uns abzugrenzen, Kompromisse auszuhandeln, Ungereimtheiten zu benennen, Lösungen zu finden, bei denen beide zu ihrem Recht kommen. Wo dieses Arbeiten an der Beziehungs-Struktur nicht klappt, da hilft dann am Ende nur noch die richtige Trennung.
Drei Hauptknackpunkte sind es, die nicht mehr stimmen, wenn eine Beziehungskrise im Raum steht:

- Beide Partner fühlen sich nicht mehr gleichwertig.
- Das Verhältnis von Geben und Nehmen ist unausgewogen – gerade Frauen haben oft das Gefühl, dass sie mehr geben als sie bekommen.
- Das Zusammenspiel zwischen Distanz und Nähe, Halt geben und loslassen können, ist aus dem Lot geraten.

Diese Kriterien helfen Ihnen bei der Diagnose über den Zustand Ihrer Beziehung

Es steht nicht zum Besten mit ihr, wenn:

- Ihr Partner nie für Sie mitdenkt oder Entscheidungen allein trifft, die für die gemeinsame Zukunft wichtig sind;
- Ihr Partner seine großen und kleinen Versprechungen nicht einhält, dann setzt er nicht mehr viel ein für die Partnerschaft;
- Ihr Partner immer wieder fremdgeht, Sie vor anderen verleumdet, Ihre Beziehung nicht an die erste Stelle setzt, nie Zeit findet für Ihre Beziehung, nicht »gemeinsame Sache« macht, illoyal ist;
- Ihr Partner Sie einengt, Sie ständig herunterputzt und bevormundet, ausrastet, wenn Sie nicht tut, was er sagt, Ihrer Beziehung keinen sicheren Boden gibt;
- Ihr Partner glaubt, er müsse sich Sie erst mal erziehen und Sie mit Verhaltensmaßregeln oder Beurteilungen eindeckt, keinen Respekt vor Ihnen hat und Sie ständig demütigt;
- Ihr Partner nicht erwachsen wird, ständig betrunken ist, sich nicht kontrollieren kann, beim kleinsten Anlass die Wohnung zerdeppert und Sie ihn nicht mehr achten können;
- Ihr Partner nicht in der Lage ist, Kompromisse für die Gemeinschaft zu schließen oder es gravierende Unter-

schiede in der Lebensplanung, sich lebenswichtige gemeinsame Ziele nicht verfolgen lassen;

- es gar nichts gibt, was Sie als Paar gemeinsam interessiert (abgesehen von den Kindern), Sie sich nichts zu erzählen haben, die Basis für einen gemeinsamen Austausch fehlt;

- Sie nicht mehr gemeinsam lachen können, der Humor aus Ihrer Beziehung verschwunden ist;

- Sie sich körperlich nicht mehr mögen, sich abgestoßen fühlen, sich nicht mehr in den Arm nehmen, sich »nicht mehr riechen« können.

Ist bei der Beantwortung dieser Checkliste das Verhältnis von Soll und Haben unausgeglichen, so stellt sich Ihnen die Frage, wie weit Sie sich anpassen können, ohne dass es problematisch wird. Was können Sie ändern, um das Verhältnis zu verbessern? Welche Unzulänglichkeiten, die Ihnen Missbehagen bereiten, liegen in Ihrer beider Charaktere begründet und gehören gewissermaßen zu Ihrer »unkaputtbaren« Grundausstattung? Mit welchen Zugeständnissen können Sie leben? Mit welchen Opfern wollen Sie leben? Natürlich sollten Sie bei diesem Check-up auch Ihr eigenes Verhalten einer schonungslosen Analyse unterziehen.

Je mehr dieser Kriterien auf Ihre Beziehung zutreffen, umso ernsthafter ist eine Trennung in Erwägung zu ziehen. Entscheidend ist dabei jedoch, ob beide Partner bereit sind, der Beziehung noch eine Chance zu geben und gemeinsam nach sinnvollen Lösungen zu suchen. Manche suchen dabei professionelle Hilfe. Doch die Erfolge einer Paartherapie sind nach neueren Erkenntnissen eher bescheiden. Weniger als die Hälfte der Paare, die beim Therapeuten Unterstützung für ihre Beziehung suchen, berichtet von einer Verbesserung. Und auch bei ihnen stellen sich dann trotzdem noch nach einer Weile die alten Probleme wieder ein, weil es den Partnern nicht wirklich gelingt, ihr Verhalten zu ändern. Sind Trennungsgedanken erst einmal ins Bewusstsein geschlichen, verstummen sie für gewöhnlich nicht mehr.

bei beiden?

Ist Ihre Liebe tot oder braucht sie nur eine kleine Atemspende?

Es gibt keinen verbindlichen Gradmesser dafür, wann eine Beziehung endgültig »das Zeitliche gesegnet hat« und auch in uns selbst erspüren wir es oft nicht wirklich deutlich. Der amerikanische Psychologe Michael S. Broder unterscheidet drei Beziehungstypen, die trennungsgefährdeter sind als andere:

Die stürmische Beziehung: Hier schlagen die Wellen immer hoch – jedoch nicht aus Leidenschaft, sondern aus einer grundsätzlichen Unstimmigkeit in Sachen Gefühle. Sie ist gekennzeichnet durch eine seelischen Unverbundenheit, die Nähe und Vertrautheit unmöglich macht. Extreme Verhaltensweisen sollen übertünchen, dass die beiden nie wirklich zueinander finden werden. Sex ist die einzige Ebene, auf der zu kommunizieren möglich ist. Sie streiten heftig, um ihre Wut auszuleben und sich damit eine erotische Steilvorlage zu schaffen. Doch über ihre wirklichen Gefühle können sie nicht sprechen, weil sie sich nicht sicher und geborgen fühlen.

Die gleichgültige Beziehung: In dieser Beziehung lodert kein Feuer mehr unter der Asche. Sie ist ein bequemes Arrangement, das jeglicher Auseinandersetzung aus dem Weg geht. Der Preis dafür ist Entfremdung und Gefühllosigkeit. Die scheinbare Harmonie dieser Beziehung ist allerdings sehr brüchig und verträgt wenig Spannung.

Die einseitige Beziehung: In diese Beziehung investiert der eine mehr als der andere. Meist sind es die Frauen, die Energie und Liebe »hineinbuttern«, während er eher unverbindlich bleibt. Das Rundum-sorglos-Paket, mit dem sie ihn verwöhnt, weiß er sehr wohl zu schätzen. Er fühlt sich jedoch nicht bemüßigt, es ihr gleich zu tun. Das löst bei ihr Enttäuschung und Ohnmachtsgefühle aus.

Lassen Sie Ihr Visier herunter

Nach enttäuschenden Liebesbeziehungen neigen viele von uns zur Abwehr von Gefühlen. Sie ziehen sich zurück und umgeben sich mit Mauern der Isolation. Das Herz wird dann mit einer Art »Rüstung« geschützt. Doch diese Verteidigungsmechanismen isolieren einen Menschen auf Dauer. Wer immer auf der Hut sein muss und sich niemals vor jemandem so zeigen kann, wie er wirklich ist, beginnt sich zu isolieren, wird einsam und krank. Der Ausdruck »sein Herz öffnen« meint die Bereitschaft eines Menschen, sich einem anderen gegenüber zu öffnen und verletzbar zu zeigen. Ein mutiger Schritt, denn Offenheit ist mit großen Risiken verbunden und macht Angst. Man wird dadurch schließlich auch kontrollier- und manipulierbar. Solche Erfahrungen haben wir alle schon gemacht, und es war sicher nicht gerade angenehm. Doch mit den Verteidigungsmauern, die wir zu unserem Schutz errichtet haben, sperren wir auch die Fähigkeit aus, Freude, Genuss und Liebe zu erleben.

Wussten Sie, dass Menschen, die sich geliebt fühlen, die für eine andere Person wichtig sind und sich dieser anvertrauen können, ein etwa fünfmal niedrigeres Risiko haben, an Herzinfarkt, Schlaganfall, Krebs, Allergien, Immunkrankheiten, Alkoholismus, Medikamentenmissbrauch und vielem anderen mehr zu erkranken? Interessanterweise ist es für den Heilungsprozess von Körper und Seele aber nicht nur wichtig, wie viel man bekommt, sondern auch, wie viel man gibt. Liebe und menschliche Nähe wirken für den Gebenden und den Nehmenden gleichermaßen heilsam.

Wer sein Herz öffnet, zeigt, dass er gewillt ist, seine inneren Schutzvorrichtungen fallen zu lassen und sich verletzbar zu zeigen. Schließlich kann man anderen nur nah sein, wenn man seine eigene Verletzbarkeit zugibt. Verletzbarkeit ist das Tor zu Nähe und heilsamer Intimität. Um diese zu leben, müssen Sie sich einem Menschen gegenüber allerdings sicher fühlen. Doch wie soll ein Mensch sich bei einem anderen sicher fühlen und Vertrauen entwickeln, wenn er so oft enttäuscht worden ist?

Er auch

Ja!

Feindselige Gedanken gehören zu den größten Feinden unserer Liebe: Sie erzeugen negative Gefühle. Sie schüren Wut durch das Beharren auf Recht, und sie entspringen der kurzsichtigen Logik, dass die negativen Gefühle berechtigt sind, weil andere Menschen nicht so sind, wie wir sie gerne haben möchten. Feindseligkeit geht davon aus, dass die anderen unzulänglich sind und es deswegen berechtigt ist, Ärger, Zorn und Schmerz zu entwickeln. Also meint der Feindselige, man müsse fortwährende Wachsamkeit an den Tag legen und immerzu versuchen, die Außenwelt so weit wie möglich zu regulieren, um das eigene Leben vollkommen in den Griff zu bekommen.

Versuchen Sie, sich Ihre eigene Wut, Ihren eigenen Groll, der Ihnen die Laune verdirbt, dingfest zu machen, damit diese destruktive Stimmung nicht von Ihnen Besitz ergreift und Ihr Herz und Ihre Beziehungen vergiftet.

Die Opfermentalität lässt uns nach Sündenböcken suchen: Wenn die Beförderung am Arbeitsplatz, das Lob für die Leistung, die Belohnung für eine gute Tat oder die Hilfsbereitschaft anderer ausbleibt, wittern wir sofort Ungerechtigkeit. »Wieso ausgerechnet ich?« – oder »Warum er und nicht ich?«, sind Bemerkungen, die bei vielen »wie aus der Pistole geschossen« kommen, wenn ein anderer mehr bekommt als man selbst. Wir fühlen uns als Opfer des Schicksals, von allen im Stich gelassen und schimpfen auf die anderen, die vermeintlich besser Gestellten.

Lernen Sie, mit dem Herzen zu denken. Dann werden Sie erkennen, dass es uns Menschen nicht gegeben ist, den Weg des Lebens zu bestimmen. Wir können ihm nur folgen. Seien Sie demütig dem Leben gegenüber.

Der Glaube, dass harte Arbeit sich immer auszahlt, verführt rationale Menschen dazu, das Leben als einen mächtigen, feindlichen Raum wahrzunehmen. Sie lassen sich pausenlos auf eine Kraftprobe ein, um zumindest scheinbar ein gewisses Maß an Ordnung herzustellen. So meint der Verstand, man könnte sich ein größeres »Stück vom Kuchen abschneiden«, wenn man nur härter arbeitet als andere. Doch dabei verzichten wir auf die Aspekte, nach denen sich das Herz sehnt. Es würde uns zum Beispiel raten, dass wir unsere Ziele getrost ein bisschen niedriger ansetzen können, als es unserem Können entspricht. Wir sollten versuchen, zu kooperieren statt zu konkurrieren und mehr Aufmerksamkeit auf positive Erinnerungen und Vorstellungen richten. Unsere Herzensintelligenz könnte uns auch sagen, dass bestimmte Dinge sich unserem Einfluss entziehen, auch wenn wir noch so verbissen arbeiten. Schließlich gehört zum Erfolg auch eine gewisse Kontaktfähigkeit: Spitzenleistungen hängen meistens von guten Beziehungen zu anderen Menschen ab.

Ihr Herz weiß, dass man Erfolg nicht erzwingen kann, sondern dass sich dieser als Konsequenz eines sanften, ausgewogenen, vernetzten und liebevollen Umgangs mit Menschen von selbst einstellen muss – wenn es denn sein soll. Ihr Herz weiß, dass es Faktoren gibt,

die sich der menschlichen Kontrolle entziehen und dass uns im Leben immer wieder unüberwindliche Hindernisse den Weg versperren. Die Hindernisse sollen uns lehren, dass wir manchmal aufhören müssen, immerfort nach etwas zu streben, sondern anfangen, einfach zu sein.

Der Irrglaube, andere Menschen verändern zu können, führt dazu, ständig unzufrieden zu sein und Zwietracht zu säen. Wenn andere Menschen gar nicht daran denken, sich unserem Diktat zu beugen oder wenn trotz einiger Änderungen doch die alten Charakterzüge wieder dominant werden, wird der rational betonte Mensch wütend, ungeduldig und aggressiv.

Ihr Herz dagegen ist weise. Es weiß, dass man andere Menschen nicht von Grund auf umkrempeln kann und auch nicht sollte. Akzeptieren Sie, dass wir nicht die Menschen ändern können, sondern nur unsere eigene Art, sie zu beurteilen und zu bewerten. Ein Mensch mit Herzensintelligenz kann anderen aufmerksam zuhören und ihnen mit Toleranz, Nachsicht und Akzeptanz begegnen.

Verwirrung zwischen Frustration und Aggression lässt aus dem Ärger über ein nicht erreichtes Ziel schnell Wut werden. Psychologen sprechen hier von einer »Frustrations-Aggressions-Hypothese«. Man weiß heute, dass Frustration über ein Versagen nicht automatisch aggressive Reaktionen nach sich ziehen muss. Frustration ist nur Auslöser für Wut und feindselige Gefühle und stellt eine Herausforderung für die Selbstkontrolle dar. Wut und Feindseligkeit wiederum ebnen Aggressionen den Weg, die sich auf alle Personen entladen, die das Pech haben, gerade in der Nähe zu sein. Also verwandelt sich Frust in Wut, die die Kampfeslust anheizt. Man hat sich vielleicht am Arbeitsplatz geärgert und zu Hause die aufgestaute Wut noch weiter geschürt, bis sie explodiert. Ursache ist jedoch eine fehlgeleitete Frustration des Gehirns.

Versuchen Sie, Ihren Frust zu verarbeiten, indem Sie Ihr Verhalten hinterfragen und sich überlegen, was Sie beim nächsten Mal besser oder zumindest anders machen können.

Die Suche nach Anerkennung: Es ist bekannt, dass leistungsorientierte Menschen das geradezu klassische Beispiel dafür sind, wie sich die tiefe Sehnsucht, geliebt zu werden und sich selbst zu lieben, in die ständige Suche nach Anerkennung verkehren kann. Menschen, die in dieses grundsätzliche Missverständnis verstrickt sind, fühlen sich innerlich getrieben, sich Anerkennung durch immer mehr Leistung zu verdienen. Dahinter steckt ein geringes Selbstwertgefühl. Diese Menschen möchten immer gut dastehen und es allen recht machen. Sie wirken auf andere eher eng und rigide und fallen durch ein Dominanzverhalten auf, sodass es trotz sozialer Aktivitäten doch zu einer gefühlsmäßigen Isolation kommt. Gleichzeitig fällt es diesem Typ schwer, seelische Bedürfnisse auszudrücken und sich gefühlsmäßig von anderen abhängig zu machen. Auch die eigenen Gefühle kann dieser Mensch schlecht anerkennen bzw. nach ihnen handeln. Da sich Erfolg und Anerkennung nicht so einstellen, wie er es wünscht, wird er zunehmend mit der Sinnlosigkeit seines getriebenen Handelns konfrontiert. Er arbeitet, genau wie sein Herz, gegen einen zunehmenden Widerstand. Das Gefühl innerer Isolierung paart sich mit einer gereizten und ärgerlichen Grundstimmung und wird von zynischen Gedanken bezüglich der Mitmenschen überspielt.

Versuchen Sie, das Missverständnis zu erkennen, das sich im Unbewussten so gepolter Menschen abspielt. Geben Sie Ihr eigenes Getriebensein auf. Entdecken Sie Ihre eigentlichen Bedürfnisse und Gefühle und machen Sie sich selbst Mut, diese zu äußern. Sich vor anderen klein und hilflos zu zeigen und um Hilfe zu bitten wäre eine gute Übung.

Was Ihre Liebe erfolgreich macht

Eine Beziehung ist dann erfolgversprechend, wenn beide Partner der Ansicht sind, dass ihre Liebe nicht nur dem Schicksal unterliegt, sondern wachsen und sich verändern kann. Mit dieser Sicht der Dinge lässt sich herausfinden, in welchen Lebensbereichen man miteinander harmoniert – zum Beispiel, dass beide eine ähnliche Art haben, mit Problemen umzugehen und Konflikte zu lösen, dass sich beide den Freiraum gewähren, den sie brauchen, oder dass sie eine ähnliche Vorstellung davon haben, wohin sie ihr gemeinsamer Weg führen soll. Eine gemeinsame Vision vom Leben und Lieben – auch in der Zukunft – ist ein kostbarer Schatz, der auch in Krisenzeiten das Gefühl der Zusammengehörigkeit stärkt. Dazu gehört, dass man im anderen vor allem die guten Seiten sieht und die negativen nicht überdimensioniert. Dann fallen auch eventuelle oder zeitweise Nachteile nicht so sehr ins Gewicht. Ein wesentliches Geheimnis einer guten Beziehung scheint es zu sein, dem anderen zu erlauben, anders zu sein als man selbst, dieses nicht als trennend, sondern im schönsten Fall als bereichernd zu empfinden. Anstatt Ihren Blick darauf zu fokussieren, was Sie trennt, finden Sie lieber heraus, welches Ihre starken Bande sind. Manchmal kommt auf der Suche nach diesen sicheren Seilen mehr heraus, als Sie denken.

Eines der wichtigsten Mosaiksteinchen einer lebendigen Beziehung ist die körperliche Hinwendung zum anderen. Haben Sie das Bedürfnis, sich zu berühren, sich zu streicheln, sich nahe zu sein? Zärtlichkeiten und Zuwendung schaffen nicht nur emotionale Nähe, sie sorgen auch dafür, dass in unserem Körper Hormone ausgeschüttet werden, die unserer Beziehung gut tun, weil sie uns offen füreinander machen. Körperliche Hinwendung zum anderen – einmal abgesehen vom Sex – bestätigt den anderen, signalisiert ihm Achtung und Achtsamkeit und schenkt seelische Wärme.

Wie Rituale Ihre Liebe stärken

Vor allem Rituale tun unseren Beziehungen gut, denn sie geben ihnen eine verlässliche Struktur. Doch viele fürchten sich gerade davor, weil sie dem Zeitgeist widersprechen. Und der flüstert: »Gewohnheiten sind der Tod jeder Liebe!« – »Man muss sich in der Beziehung fremd bleiben, damit sie Bestand hat!« oder »Jeder muss auch in der Partnerschaft tun können, was er will!«. So tönen manche selbst ernannten »Eheexperten«. Doch eine Partnerschaft lebt ja gerade von den Gemeinsamkeiten und der zusammen verbrachten Zeit.

Rituale dienen dazu, den Partner besser kennen zu lernen und solche Gemeinsamkeiten zu entwickeln. Liebesrituale haben nichts mit dem täglichen Beziehungseinerlei zu tun, in dem sich Verhaltensmuster oft so verhärten, dass es in der Beziehung nicht mehr vorwärts geht. Sie schaffen Möglichkeiten, sich dem Partner in verschiedenen Rollen und Situationen zu zeigen. Paare, die lieb gewonnene kleine und große Bräuche pflegen, stärken ihre Bindung.

Rituale entstehen jedoch nicht mehr von allein. Früher war das anders, da ergaben sich viele Gemeinsamkeiten aus einem festgefügten Alltag, der durch die Notwendigkeiten des Überlebens vorgegeben war. Heute müssen wir uns beispielsweise auch einmal auf etwas einlassen, wofür wir uns anfangs nicht besonders interessieren. Auch das widerstrebt dem Zeitgeist, der propagiert, dass sich jeder nur für seine eigenen Interessen einsetzt. Ohne Kompromissbereitschaft kommt eine Beziehung jedoch nicht aus.

Viele Gewohnheiten, die einer erfüllten Beziehung heute im Wege stehen, sind aus der Einsamkeit früherer Lebensphasen heraus entstanden, sagt die Autorin des Buches »Rituale zu zweit«, Claudia Hartmann. Sie ersetzen in den Zeiten des Alleinseins den Partner – etwa nach einer Trennung oder dem Tod des Partners. Und das ist auch wichtig so, denn wir wollen ja auch allein gesund überleben. Doch wenn wir zu zweit sind, brauchen wir gemeinschaftliche Rituale. Dabei ist es natürlich entscheidend, dass die Vorlieben beider Partner angemessenen Raum finden. Und ob Sie es glauben oder nicht: Auch Spontaneität eignet sich für ein Ritual. Überraschen Sie Ihren Partner doch einfach einmal mit Dingen, die er wirklich mag (und nicht denjenigen, die Sie sich schon lange wünschen) – etwa indem Sie Karten für das nächste Fußballspiel seiner Mannschaft besorgen und mit ihm dorthin gehen.

Gelegentliches Alleinsein ist wichtig für Sie

Auch Zeiten, die jeder für sich allein verbringt, können dabei für Ihre Beziehung sehr wichtig sein. Wenn Ihr Partner beispielsweise ein leidenschaftlicher Angler ist und am besten entspannt, wenn er stundenlang reglos am Wasser hockt, vereinbaren Sie mit ihm feste Zeiten dafür, in denen Sie beispielsweise zur Kosmetikerin gehen, mit einer Kollegin Tennis spielen oder mit Ihrer besten Freundin quatschen. Vor allem: Keine bösen Blicke, keine Vorwürfe. Akzeptieren Sie seine Vorlieben – umgekehrt können Sie es dann auch erwarten. Allerdings sollten sich beide an die vereinbarten Zeiten halten, damit genügend Zeit für die Gemeinsamkeit bleibt – etwa, um zusammen zu kochen oder kleine Feste zu zelebrieren. Das gibt uns Wir-Gefühl, Schutz und Geborgenheit. Und natürlich müssen wir auch akzeptieren, dass sich Rituale ändern, weil wir uns ändern. Sie müssen also kontinuierlich angepasst werden, und das gelingt uns nur, wenn wir im Gespräch bleiben. Das ist eine der wichtigsten Leistungen in einer lebendigen Beziehung.

Liebe ist eine Energie des Himmels

Wenn Sie Ihr eigenes Verhalten bereinigen, sich auf das besinnen, was Sie selbst tun können und sich vorbehaltlos auf Ihre Beziehung(en) einlassen, wird Ihnen noch ein anderes Gefühl der Liebe geschenkt. Liebe ist vor allem ein Bewusstseinszustand. Es ist die Liebe Ihres Lebens. Es ist das Leben Ihrer Liebe. Diese Liebe ist allumfassend, sie entsteht aus dem Bewusstsein des Eins-Seins von Himmel und Erde. Dieses Bewusstsein erleuchtet Ihr Denken, Fühlen und Handeln, bis jede Zelle mit Licht und Liebe getränkt ist. Freude und Glückseligkeit sind die unmittelbaren Folgen echter, gelebter Liebe. Sie werden im Herzen wahrgenommen und immer wieder von neuem erzeugt. Liebe ist der Kern allen Lebens, denn sie lässt wachsen, blühen und gedeihen. Liebe ist das größte Heilmittel des Kosmos.
In einer Partnerschaft, in der Mann und Frau Liebe als Zustand des Bewusstseins in hoher Form leben, akzeptiert man einander ohne Bedingungen, unterstützt sich und gibt heilsamen Entwicklungen Raum. Keiner der Partner hat in einer solchen Beziehung eine festgelegte Vorstellung, wie der andere zu sein hat oder wie man sich in bestimmten Situationen zu verhalten hat. Man reagiert spontan auf die jeweilige Situation und entwickelt dadurch die wertvolle Fähigkeit, Probleme angemessen zu bewältigen: nicht aus früheren Verletzungen heraus zu reagieren, nicht sorgenvoll und misstrauisch

in die Zukunft zu blicken, sondern klar und eindeutig aus den Gegebenheiten des Augenblicks heraus zu agieren und zu reagieren. Das ist wahre Beziehungskunst, es ist »gelebte Liebe«.

Diese Liebe lässt uns erkennen, dass wir nicht sind, was wir glauben. Dass wir allein nichts sind, sondern nur in der Spiegelung von anderen Menschen. Wie wir uns selbst in der Liebe erfahren, hängt davon ab, wie gut es uns gelingt, zu unserem innersten Kern zu gelangen, wie sehr wir wirklich bereit sind, uns auf andere einzulassen. Wie sehr wir uns trauen, uns verletzbar zu machen. Wie achtsam wir mit dem Anderssein unseres Gegenübers umgehen. Wie gut es uns gelingt, Liebe, Zuneigung und Dankbarkeit, aber auch Nachsicht und Vergebung fließen zu lassen. Wie sehr es uns gelingt, unsere Liebe mit Leben zu erfüllen und unser Leben mit Liebe.

Ihre Beziehungen sind dabei das Medium für Ihre persönliche Entwicklung. Denn in ihnen offenbaren sich alle Hindernisse, die zwischen Ihnen und einem erfüllten Leben stehen. Lassen Sie sich auf Ihre Liebe ein. Jetzt.

Kennen Sie Ihre Liebesfarbe?

1 Stellen Sie sich vor, Sie könnten die Aura des Menschen sehen, der Ihnen am nächsten steht. Welche Farbe hätte sie?

A ein frisches Grün
B ein kräftiges Rot
C ein klares Blau
D ein warmes Gelb

2 Welche Eigenschaften mögen Sie an anderen besonders?

A Energie
B Willenskraft
C Charme
D Intellekt

3 Welches ist Ihr Lieblingsplanet?

A Sonne
B Mars
C Jupiter
D Venus

4 Es ist die Zeit vor Christi Geburt. Welchen Gott würden Sie anbeten?

A Shiva (Hindus)
B Zeus (Griechen)
C Ra (Ägypter)
D Quetzalcóatl (Azteken)

5 Was symbolisiert für Sie am ehesten Freiheit?

A Sonnenschirm
B Ehering
C Geldschein
D Sportwagen

6 Ihre Freundin oder Ihr Liebster schickt Ihnen Blumen. Über welches Gebinde freuen Sie sich am meisten?

A über ein romantisches mit rosa und weißen Rosen
B über ein sinnliches mit stark duftenden Blüten und Obstschmuck
C über ein luxuriöses mit Rosen, Flieder, Lilien und Mohn
D über einen mittelalterlichen Korb mit Stockrosen, Rittersporn und Phlox

7 Welche Duftnote sagt Ihnen am ehesten zu?

A Gewürze
B Holz
C Früchte
D Blumen

8 Welche Landschaft bringt Sie am ehesten zum Schwelgen?

A die schottische Heide bei Regen
B eine glitzernde Großstadt wie Las Vegas
C der Golf von Mexiko bei Sturm
D ein Reisfeld in der italienischen Po-Ebene

9 Welches Lied pfeifen Sie morgens bei guter Laune unter der Dusche?

A einen Popsong
B einen Blues
C eine Schnulze
D ein Chanson

10 Wie würden Sie diesen Traum beeinflussen: Sie liegen im Bik ni auf einer riesigen Schneefläche, zu Ihren Füßen sitzt ein Baby m Brille, das ein Buch von Goethe liest. Hinter Ihnen Eisberge mit Pa men, irgendwoher kommt laute Rapmusik.

A Ich würde die Musik ausschalten, mich fein anziehen, dem Baby das Buch wegnehmen und ihm einen Teddybären geben.

B Ich ziehe meinen Skianzug an, lege das Baby in die Wiege und marschiere los um herauszufinden, woher die Musik kommt.

C Ich verwandele die Schneefläche in einen sonnenbeschienenen Strand und verwickele das Baby in eine Diskussion über Goethe und seine Zeitgenossen.

D Ich wickele mich in eine Decke und grübele, warum das Baby ausgerechnet Goethe liest. Auf der Suche nach einer Antwort schlage ich bei Shakespeare nach.

11 Was fällt Ihnen spontan zum Begriff »Fantasie« ein?

A Sex
B Träume
C Visionen
D Meditation

2 *Was würden Sie Gästen am liebsten auftischen?*

die Kreation in Gelb (Eier mit Sommertrüffeln, Zitronenhuhn, Ananaseis)

die Kreation in Grün (Grüner Salat mit geschmortem grünen Paprika, Schmorgurken, Pistazieneis)

die Kreation in Rot (Tomatenessenz mit Hummerschwanz, Rehfilet mit Kirschsauce, Erdbeerbavarois)

die Kreation in Blau (Spaghetti nero mit Tintenfischsauce, Forelle blau mit Auberginengemüse, Blaubeerspeise)

3 *Mit welchem Begriff verbinden Sie Ihren Traummann?*

	Western	*C*	Rätsel
	Spiegel	*D*	Märchen

uswertung

In der nachfolgenden Tabelle ist jeder Antwort ein Symbol zugeordnet. Kreuzen Sie bitte die entsprechenden Punkte an und zählen Sie, welches Symbol bei Ihnen überwiegt. Jedes Symbol entspricht einer Liebesfarbe.

= grün	● = gelb	■ = blau	▲ = rot
______	×______	×______	×______
3/4	2	3	5

	A	*B*	*C*	*D*
	◆	▲	■	●
	▲	●	■	◆
	●	▲	■	◆
	●	◆	■	▲
	●	■	◆	▲
	■	▲	◆	●
	▲	◆	●	■

	A	*B*	*C*	*D*
8	■	◆	▲	●
9	▲	■	◆	●
10	▲	◆	■	●
11	▲	■	◆	●
12	●	◆	■	▲
13	▲	◆	■	●

Ihre Liebesfarbe ist ROT:

Diese dynamische Farbe ist das Symbol der Liebe schlechthin. Das klassische Liebesherz ist rot. Diese Farbe bestimmt Ihre Vitalität. Sie entspricht dem Mars, dem Rubin, dem Eisen und der Wärme des Sommers. Rot ist das Feuer, rot ist unser Lebenssaft Blut. Sie sind allen leiblich-sinnlichen Genüssen gegenüber sehr aufgeschlossen: gutes Essen, schöner Wein, Liebe, Sexualität, Schöpfung. In einer Partnerschaft wollen Sie leidenschaftlich geliebt werden. Menschliche Wärme, Mitgefühl und Mut zeichnen Ihren Charakter aus.

Die Farbe Rot kann den Herzrhythmus beschleunigen. Wahrscheinlich werden Sie manchmal von innerer Unruhe geplagt. Ihre Lust auf Veränderung scheut keine Auseinandersetzung. Gelegentlich explodieren Sie wie ein Vulkan. Denn Rot steht auch für Revolution und Kampf. Sie besitzen einen ausgeprägten Willen und neigen dazu, in einer Partnerschaft dominieren zu wollen. Sie fordern von Ihren Mitmenschen viel Aufmerksamkeit ein und lieben Schmeicheleien.

Ihre Liebesfarbe ist BLAU:

Ihre Liebesfarbe Blau ist das Symbol von Klarheit und Weitsicht. Blau ist die Farbe von Jupiter, des Saphirs, des Donnerstags, von Zinn und der Lilie. Es ist die Farbe des Himmels, der Götter und der Unsterblichkeit. Blau steht aber auch für Sanftheit, Beschaulichkeit und intellektuelle Ideen. Eine Farbe, die in sich ruht und beruhigt. Die Farbe des Friedens, im Extremfall aber auch der Passivität und des Verzichts.

In Ihren Beziehungen und bei Ihrem Liebespartner schätzen Sie vor allem Treue, Zärtlichkeit, Charme und Poesie. Wenn es Ihnen nicht gut geht, werden Sie schnell melancholisch. Doch das geht auch rasch wieder vorbei. In ausgelassener Stimmung feiern Sie gern und sind Ihren Mitmenschen sehr zugetan. Freundschaften akzeptieren Sie allerdings nur, wenn auch eine geistige Verwandtschaft besteht. Sie neigen dazu, Ihre Freunde zu idealisieren und setzen Himmel und Hölle in Bewegung, um ihnen ihre Wünsche zu erfüllen. In dieser Hinsicht sind Sie manchmal etwas blauäugig. Achten Sie auf sich und passen Sie auf, dass Sie nicht ausgenutzt werden.

Ihre Liebesfarbe ist GELB:

Ihre Liebesfarbe Gelb ist der direkte Draht zur Sonne und zur Freiheit. Gelb ist die Farbe des Goldes, des Topas und des Sonntags. Es ist die Farbe der Großzügigkeit, der Klugheit, der Fröhlichkeit und des Optimismus. Sie haben eine leuchtende Ausstrahlung und wahrscheinlich eine große Überzeugungskraft.

Doch leider: Wo viel Licht ist, werden auch Schatten geworfen. Sie neigen dazu, sich schnell zu verbrennen. Sie flattern von grenzenloser Neugier getrieben wie ein Schmetterling von Blüte zu Blüte. Sie interessieren sich spontan für alles – die Fauna der Kalahari-Wüste, die Philosophie von Hegel, die Kochkunst von Paul Bocuse. Ihr Interesse erlahmt rasch wieder, und Sie wirken dann zerstreut. In der Schattenseite des Gelbs tummeln sich Verrat, Betrug, Leichtfertigkeit, Neid und Eifersucht.

Ihre Liebesfarbe Gelb ist aber auch das Symbol der Ehrbarkeit, des materiellen und spirituellen Reichtums, für beständiges Streben nach Wahrheit und Fortschritt. Wenn Ihre wechselhafte Seite Oberhand gewinnt, tanken Sie Kraft bei Menschen, die Sie lieben und denen Sie vertrauen können. Diese Erdung brauchen Sie!

re Liebesfarbe ist GRÜN:

Grün ist die Farbe der Hoffnung. Ihre Liebesfarbe steht für die Venus, den Smaragd, das Wasser, den Freitag und als Metall das Kupfer. Grün symbolisiert Erneuerung, Aufbruch und Frühling.

Sie lieben intellektuelle Geistesblitze, praktische Entscheidungen, Parks, Gärten und duftende Blumen. Sie sind kreativ, ehrgeizig und spirituell begabt. Sie haben einen leichten Hang zur Verrücktheit – natürlich nicht im medizinischen Sinne. Sie vereinen viele Gegensätze in sich. So können Sie auf Ihre Mitmenschen gleichzeitig fremd und vertraut wirken, anregend und rätselhaft, friedlich und beängstigend, ausgleichend und beunruhigend. Sie haben Charisma und sind wahrscheinlich eine geborene Führungskraft. Sie sind stolz, rebellisch und unabhängig. Allerdings neigen Sie auch dazu, für ein Ziel, das Sie sich gesetzt haben und das Sie mit außergewöhnlicher Zähigkeit verfolgen, Ihren Weg mit Leichen zu pflastern. Doch wenn Sie gut drauf sind, reißen Sie normalerweise mit Ihrer Begeisterung für Ihre Idee andere mit. Schauen Sie zu, dass Sie Ihre Mitmenschen nicht unnötig oft bevormunden. Und kultivieren Sie Ihre humorvolle Seite!